Arthur Leist Schota Rustaweli

Der Mann im Tigerfelle

Arthur Leist Schota Rustaweli

Der Mann im Tigerfelle

ISBN/EAN: 9783337214432

Hergestellt in Europa, USA, Kanada, Australien, Japan

Cover: Foto ©Thomas Meinert / pixelio.de

Weitere Bücher finden Sie auf **www.hansebooks.com**

Der Mann im Tigerfelle.

Von

Schota Rustaweli.

Aus dem Georgischen übersetzt

von

Arthur Leist.

—⧈— · ·· —— · ——

Dresden & Leipzig.

E. Piersons Verlag.

Vorwort.

Das Epos „Der Mann im Tigerfelle" ist das volks-
tümlichste Werk in der georgischen Litteratur und über-
haupt die bedeutendste Dichtung, welche der poetische
Genius der kaukasischen Völker bis jetzt hervorgebracht hat.
Trotzdem sie vor mehr als sieben Jahrhunderten entstand,
ist sie doch heute noch ein Volksbuch im wahren Sinne
des Wortes und wird von Jung und Alt gelesen und gepriesen. Schota Rustaweli, ihr Verfasser, soll der Über-
lieferung nach in der zweiten Hälfte des zwölften Jahr-
hunderts gelebt haben, nämlich zu der Zeit, da sein Vater-
land unter der Regierung der viel besungenen Königin
Thamar seine höchste Machtentfaltung und Kulturentwicke-
lung erreichte. Die letztere wurde damals stark von
Persien beeinflusst, was nicht nur aus der Zeitgeschichte,
sondern auch aus dem Charakter der Dichtung hervorgeht,
in welcher besonders Form und Ausdrucksweise an persische
Vorbilder erinnern. Andererseits erkennt man wiederum,
dass der Dichter mit der griechischen Philosophie und der
Bibel bekannt war und in manchen Anschauungen der per-
sischen Welt fern stand. Sichere Angaben über sein
Leben sind gar nicht vorhanden, denn alles, was die
Georgier über ihn wissen, verdanken sie späteren Schrift-

stellern, deren Mitteilungen vielleicht auch nur auf Über-
lieferungen beruhen. Auch die andern Schriftsteller, welche
Rustaweli's Zeit angehören, sind nur dem Namen nach
bekannt, während über ihr Leben die notwendigsten Einzel-
heiten fehlen. Dieser Mangel an Quellenstoff ist gerade
für die in Rede stehende Epoche ein sehr beklagens-
werter, denn das Kulturleben, welches ein Werk wie den
„Mann im Tigerfelle" zeitigen konnte, muss auf einer an-
sehnlichen Höhe gestanden haben und dürfte sowohl für
den Gelehrten als auch für den Laien nicht uninteressant
sein. Möglicherweise wird der Schleier, der uns das Leben
Rustaweli's und seiner Zeitgenossen verhüllt, noch gelüftet
werden, zumal ja noch zahlreiche altgeorgische Hand-
schriften ihrer Entzifferung harren.

Die vorliegende Übersetzung des „Mannes im Tigerfelle" ist die erste, welche in einer europäischen Sprache erscheint und habe ich dieselbe nach der im verflossenen
Jahre in Tiflis zur Ausgabe gelangten achten Auflage des
Urtextes hergestellt.

Tiflis, im Mai 1889.

Arthur Leist.

Erste Erzählung vom arabischen Könige Rostewan.

Ein König lebte im Arabierlande,
Mit Namen Rostewan, dem Gott, der Herr
Noch reiches Glück verlieh'n zum hohen Stande.
Leutselig, von erhabnem Sinn war er,
Mildthätig auch, gerecht und klug im Rate,
Herr einer ungeheuren Kriegerschar,
Ein Feldherr, der nicht seines Gleichen hatte
Und auch als Redner anzuhören war.

Ein Kind war seiner Ehe nur entsprossen,
Nur eine Tochter, die ein Licht der Welt,
Von solchem Schönheitsglanze war umflossen,
Dass sie dem Sonnenkreis schien beigesellt.
Wer sie nur sah, verlor bald alle Sinne,
Sie nahm die Seele ihm, Herz und Verstand.
Zu singen ihrer Schönheit Lob beginne
Ein Weiser nur, der zehnfach sprachgewandt!

Ihr Name — nötig ist es ihn zu kennen —
War Tinatin. Als sie im Alter stand,
Das alle Menschen Jugendfrühling nennen,
War sie so schön, dass man nichts Schön'res fand.

Der König sammelt um sich die Wesire
Mit hehrer Würde, stattlich sitzt er da
Und damit jeder, was er sagt, erführe,
Ruft er an seine Seite sie ganz nah'.

Und er beginnt: Ihr sollt mir Rat erteilen
In einer wichtigen Angelegenheit.
Wenn auf des Rosenstrauches grünen Zeilen
Die eine Blüte welkt im Lauf der Zeit,
Pflegt eine neue nach ihr zu entstehen
Und schmückt den Garten bald mit frischer Pracht.
Schon seh ich meine Sonne untergehen
Und vor mir liegt nur Dunkelheit und Nacht.

Gar bald ist aus mein Schaffen und mein Sorgen,
Das Alter, das das schwerste Übel ist,
Drückt mich. Sterb' ich nicht heut', so sterb' ich morgen,
Denn unaufhaltsam fort das Leben fliesst.
Was taugt ein Licht, das ganz von Nacht umwoben,
Sich dem Erlöschen zuneigt ohne Rast?
Daher sei heut' schon auf den Thron erhoben
Mein Kind, vor dem die Sonne selbst erblasst!

Zur Antwort ihm nun die Wesire gaben:
Warum sprichst Du von Deinem Alter, Herr?
Mag auch die Rose welke Blätter haben,
Bleibt sie der Blumen schönste doch und leer
Ist aller andern Reiz, denn sie erreichen
Beim höchsten Glanze ihre Pracht noch nicht.
Kann sich ein Stern denn mit dem Mond vergleichen,
Selbst wenn schon abnimmt dessen Glanz und Licht?

Nein, sag' das nicht, o Herr, denn Deine Rose
Ist noch nicht welk und jede Deine That,
Selbst die geringe und bedeutungslose
Mehr Wert, als andrer Menschen Grossthat hat.
Wir seh'n's, Du wolltest uns nur sagen
Den heissen Wunsch, den längst Dein Herz gefasst.
Drum mag es sein! Mag die das Zepter tragen,
Vor deren Glanz die Sonne selbst erblasst!

Mag auch ein Weib nun unser Land regieren,
Von Gott erschaffen ist sie ja wie wir,
Sie wird das Zepter schon mit Würde führen.
Das ist gewiss! Denk nicht, wir schmeicheln Dir.
Schon jetzt ist ja ihr ganzes Thun und Treiben
So sonnenhell wie ihrer Anmut Schein.
Des Löwen Kind wird immer Löwe bleiben,
Mag es nun Löwe oder Löwin sein.

Der Feldherrn einer in des Königs Heere
War Awtandil, des Oberfeldherrn Sohn.
Schlank war er wie die Pinie, die hehre,
Sein Schönheitsglanz sprach fast der Sonne Hohn.
Noch war er jung, sein Kinn und seine Wangen
Ganz bartlos noch und wie Kristall so rein.
Seit lange war sein Herz von Glut befangen
Für Tinatin, doch gern litt er die Pein.

Die Liebe sein verbarg er tief im Herzen,
Sah er die Schöne nicht, verwelkten bald
Die Rosen seiner Wangen von den Schmerzen
Die bange Sehnsucht nährt mit Allgewalt.

1*

Beim Wiedersehn erblühten sie dann wieder
Und tiefer noch ins Herz die Wunde drang.
So drückt der Liebesgram den Menschen nieder,
So macht die Liebe Herz und Seele krank.

Als Awtandil des Königs Wort vernommen
Und Tinatin schon sah als Herrscherin,
Ward seinem Herz die Bangigkeit genommen
Und süsser Hoffnung Glut erfüllte ihn.
Er sagt zu sich: Gar oft werd' ich nun haben
Gelegenheit die Herrliche zu seh'n,
Mich satt an ihrer Gegenwart zu laben
Und meiner Blässe Übel wird vergeh'n.

Der grosse König liess im ganzen Reiche
Verkünden den Beschluss, den er gethan:
Die Tochter Tinatin, die Frühlingsgleiche,
Ist eure Königin von heute an.
Mag sie mit hehrem Glanze euch bestrahlen
So wie die Sonne hell am Sommertag!
Strömt hier zusammen aus Gebirg und Thalen,
Schaut sie euch an und preis't sie, wer's vermag!

Bald strömten nun Arabiens Völkerscharen
Herbei und voll ward ganz das grosse Schloss.
Der Edlen viele von den Rittern waren,
Auch Awtandil mit seinem Kriegertross,
Und Sokrat, der im Kreise der Vertrauten
Dem grossen Könige am nächsten stand.
So kostbar war der Thron, den sie erbauten,
Dass niemand seinen Wert zu schätzen fand.

Nun führt der Vater Tinatin zum Throne,
Mit freudehellem Blick ihr zugewandt
Setzt er die reich verzierte Königskrone
Auf das geliebte Haupt mit eigner Hand.
Dann legt er ihr das Zepter in die Rechte,
Den Königsmantel auch um ihre Huldgestalt,
Und sie, das Kind aus glorreichem Geschlechte,
Auf alle nieder wie die Sonne strahlt.

Der Herrin ihre Huldigung darzubringen
Verbeugen sich die Fürsten und das Heer,   .
Sie sprechen ihren Segen aus und singen
Zu ihrem Lobe schöne Lieder her.
Die Pauken und Posaunen laut erschallen,
Mit süssem Klang ergötzend jedes Ohr,
Jedoch von ihren Augen Thränen fallen
Und tief senkt sich der Wimpern Seidenflor.

Für unwert hält sie sich der hohen Würde,
Und für den Thron des Vaters zu gering,
Drum weint sie so; des Gartens schönste Zierde,
Die Rose, netzt ein düstrer Thränenring.
Der Vater tröstet sie, denn in dem Kinde
Sieht jeder Vater gern sein Ebenbild.
Er sagt: Erst jetzt ich endlich Ruhe finde,
Da meines Herzens heisser Wunsch erfüllt.

Er sagt zu ihr: Lass Dir die Thränen stillen
Und lausche meiner Rede jetzt!
Arabien gehorcht nun Deinem Willen,
Bist Königin, vom Vater eingesetzt.

Von nun an ist dies Reich Dir übergeben,
Dein Auge über seiner Wohlfahrt wacht.
Sei weise stets in allen Deinem Streben
Und was Du thust, thu' mit Bedacht!

So wie die Sonne stets mit ihrem Scheine
Ganz gleich bestrahlt die Rose wie den Kot,
Sei Deine Gnade endlos auch und Deine
Mildthätigkeit ein Beistand in der Not
Sowohl für Grosse wie auch für die Kleinen.
Mildthätigkeit knüpft den, der fern sich hält
Und kann noch enger den mit uns vereinen,
Der gern sich unserm Willen unterstellt.

Verschenke reichlich alles! Sieh, dem Meere
Strömt Wasser zu und dünstet wieder aus.
Freigebigkeit bringt jedem Menschen Ehre,
Ein Himmelsbaum ist sie im Königshaus.
Gar nützlich sind zwar Speisen und Getränke,
Doch nutzlos alles, was umsonst Du sparst.
Dein bleibt, was andern Du machst zum Geschenke,
Verloren ist, was Du für Dich bewahrst.

Still, aufmerksam lauscht sie den weisen Lehren,
Die ihr der Vater giebt. Mit ernstem Sinn
Hört sie ihm lange zu und nimmt die hehren
Ermahnungen mit offnem Herzen hin.
Hierauf ertönten festlich heitre Lieder
Und froh setzt sich der König hin zum Mahl,
Fast neidisch strahlt die helle Sonne nieder,
Denn gerne wär' sie Tinatin zumal.

Die Pflegerin, ihr treu in jedem Falle
Lässt sie dann zu sich rufen und befiehlt:
Geh' öffne meine reichen Kammern alle,
Die Deine Hand bis heut' verschlossen hielt.
Lass alles, alles bringen, was mein eigen,
Was mir als einziger Erbin zugehört!
Sie brachten es und ohne Geiz zu zeigen
Verteilt sie Schätze, die vom höchsten Wert.

Und so verschenkte sie an jenem Tage
Das alles, was sie von der Kindheit an
Gesammelt hatte und mit einem Schlage
Macht reich sie alle bis zum letzten Mann.
Dann sagt sie: Was der Vater mir empfohlen,
Das will ich treulich thun, wie's mir gebührt;
Mag jeder sich von meinen Schätzen holen,
Soviel er will. Nichts bleibe unberührt!

Geht und macht auf die Thore aller Hallen,
Treibt meine reichen Herden dann herbei,
Die best gepflegten Rosse auch, denn allen
Heut' ein Geschenk von mir gegeben sei.
Die Herden wurden bald herbei getrieben
Und unter die Versammelten verteilt.
So schien das Schenken gerne sie zu üben,
Dass sie fast ängstlich sich dabei beeilt.

Wie gierige Räuber rafften nun die Krieger
Die Edelsteine weg mit voller Hand.
Fort schleppten sie die Schätze wie der Sieger
Die reiche Beute schleppt aus Feindesland.

Auch edle Rosse, die dem Sturmwind glichen
An Schnelligkeit der Füsse, nahmen sie.
Mit schwerer Last von dannen alle schlichen
Und Jung und Alt war glücklich wie noch nie.

Gar lange dauerte das Festgelage
Der Ritter, die in ungeheurer Zahl
Versammelt waren hier an jenem Tage,
Doch als zu Ende ging das reiche Mahl,
Liess kummerschwer sein Haupt der König hangen
Und wie beschattet schien sein Angesicht.
Was ist das? fragten alle gleich mit Bangen.
Was ist gescheh'n, dass er kein Wort mehr spricht?

Ein herrlich Bild für jeden der Beschauer
Sitzt oben an von allen Awtandil,
Der tapfre Feldherr ohne Furcht und Schauer,
Der einem Löwen gleicht, wenn er es will.
Der greise Sokrat sitzt ganz nah' daneben
Und wendet sich zu jenem um und spricht:
Was ist denn vorgefallen, dass soeben
So düster ward des Königs Angesicht?

Den greisen König, meinten sie, betrübe
Wohl eine bittere Erinnerung,
Wie käm' es sonst, dass er heut' traurig bliebe,
Da Gross und Klein sich freut und Alt und Jung?
Und Awtandil schlägt Sokrat vor zu fragen,
Warum der König denn so traurig sei,
Und leicht im Scherze ihm dabei zu sagen,.
Dass er dadurch ihr Freudenfest entweih'.

Die beiden Ritter standen auf; der eine
Noch jugendfroh, der andre ernst von Sinn.
Die Becher füllten sie mit edlem Weine
Und traten ehrfurchtsvoll zum König hin,
Vor dem sie nieder auf die Kniee sanken,
Wobei ein Lächeln spielt um ihren Mund
Und ohne Scheu, doch in des Anstands Schranken
Scherzt der Wesir und giebt sein Härmen kund.

Dein düstrer Anblick, Herr, betrübt uns alle,
Von Deinem Antlitz strahlt kein Lächeln mehr.
Ja, Du hast recht, denn Deine grosse Halle,
Die voll von Schätzen war, steht nun ganz leer.
Wie leichte Spreu und Staub in alle Winde,
Hat Deine Tochter sorglos sie zerstreut.
Warum gabst solche Vollmacht Du dem Kinde?
Jetzt bringt Dir Gram, was vordem Dich gefreut.

Still lächelnd ohne etwas ihm zu sagen
Hört ihn der König lange an mit Ruh,
Und denkt bei sich: Wie konnte der es wagen
Zu reden so? Wie kommt er wohl dazu?
Gut, gut! beginnt er ohne ihm zu grollen
Mit sanfter Stimme wie zu jeder Zeit:
Du wirst mich doch nicht geizig nennen wollen,
Denn schwer irrt sich, wer mich des Geizes zeiht!

Nein, mein Wesir, Du hast es nicht gefunden,
Denn etwas andres mich so sehr betrübt.
Die Tage meiner Jugend sind entschwunden,
Ich bin schon alt und doch es keinen giebt,

Nicht einen einzigen in meinen Reichen,
Der in der Kriegskunst tüchtig wär' wie ich,
Der in derselben sich mir könnt' vergleichen,
In allem handfest wär' und ritterlich.

Nur eine Tochter hat mir Gott gegeben
Und keinen Sohn, der so wie ich gewandt
Im Bogenschiessen wäre und daneben
Den Ball so würfe mit geschickter Hand.
Nur einer von den Rittern und Vasallen,
Der junge Awtandil, mir ähnlich ist,
Doch deshalb nur steht hoch er über allen,
Weil er mein Zögling und mein Schüler ist.

Ganz frei und harmlos, keine Scheue zeigend
Hört still der Jüngling seinen König an
Und auf die Brust das schöne Haupt verneigend
Fängt er verstohlen leicht zu lächeln an,
Wobei die schönen weissen Perlenzähne
Aufschimmern zwischen seiner Lippen Rot,
Was lachst Du? fragt der König ihn, ich wähne,
Dass ich dazu Dir keine Ursach' bot.

Der König wiederholt: Bei meiner Ehre
Beschwör' ich Dich, sag' mir, was lächelst Du?
Hierauf der Jüngling: Gut, jedoch gewähre
Mir das Versprechen, dass Du mich mit Ruh'
Anhören willst und selbst, wenn meine Rede
Dir unbescheiden scheint und allzu kühn,
Du mir deshalb nicht zürnst und mir nicht schnöde
Die Gunst entziehst, wenn ich es auch verdien'.

Zur Antwort gab der König nun: Ich schwöre
Beim Namen meiner Tochter Tinatin
Und wenn ich selbst Unangenehmes höre,
Nehm' ich's von Dir wie Angenehmes hin. -
Hierauf sagt Awtandil: Nun will ich's wagen
Dir kund zu thun, was mir das Herz beschleicht.
Nicht allzu sehr darfst Du darüber klagen,
Dass keiner Dir im Ritterhandwerk gleicht.

Zwar bin ich Staub vor Deinem Angesichte,
Jedoch ein Bogenschütze auch wie Du.
Ja, wetten wir und unser Thuen richte
Dein Dienertross mit aller Herzensruh.
Im Kampfspiel muss sich jeder vor mir schämen!
Sagst Du und da Dein Wort kein leerer Schall,
Darfst Du es nun nicht mehr zurücke nehmen,
Entscheiden wird's der Bogen und der Ball.

Auch ich besitze Fertigkeit und stehe
In diesen Künsten Dir gewiss nicht nach.
Veranstalt' also eine Jagd. Ich gehe
Dahin mit Mut, an dem's mir nie gebrach.
Gewissenhafte, treue Diener mögen
Die Zeugen dort bei unserem Wettkampf sein
Und unparteiisch, ruhig dann erwägen,
Ob wohl der Ruhm Dir zugehört allein.

Als seine Rede Awtandil geendet,
Ergaben beide sich mit heiterm Sinn
Der Fröhlichkeit und warfen, gut gewendet,
Sich witzige Scherze gegenseitig hin.

Besprochen wurde dann genau die Wette
Und sie beschlossen ohne Neid und Groll,
Dass wer besiegt wird auf der Kampfesstätte
Mit blossem Haupt drei Tage gehen soll.

Dann sagt der König noch: Mag uns begleiten
Ein Tross von Reitern, zwölfe an der Zahl,
Zwölf andere mögen neben mir her schreiten
Und mir die Pfeile reichen ohne Wahl,
Dir wird Dein Schermandin allein genügen,
Mit zwölfen nimmt er's in Gewandtheit auf.
Schau' jeder gut, woher die Pfeile fliegen
Und zähl' die Beute selbst im schnellsten Lauf.

Dem Jagdgefolge wurde dann befohlen:
Geht und durchstreift aufmerksam Wald und Feld
Und treibt herbei selbst aus den Thalessohlen
Von edlem Wild, was in die Bahn euch fällt.
Hierauf ward auch das Kriegervolk geladen
Sich zu versammeln zu dem Jagdschauspiel,
Und sich zerstreuend auf verschiednen Pfaden,
Verliessen sie den Schmaus vergnügt, doch still.

Am nächsten Morgen kam auf weissem Rosse
Der wie die Lilie blühende Awtandil
Geritten stattlich zu dem Königsschlosse,
Korallen blitzten auf des Körpers Hüll'.
Ein Goldturban auf seinem Haupte prangte,
Und schön in seiner Rüstung anzusehn,
Sprengt' vor den König hin er und verlangte
Mit ihm im Schiessen seinen Mann zu stehn.

Der König zu entscheiden seine Wette,
Bestieg sein Ross und ritt hinaus aufs Feld.
Dort waren dicht gedrängt in einer Kette
Des Jagdgefolges Scharen aufgestellt.
Ein lauter Jubel scholl von allen Seiten,
Die grosse Flur bedeckte weit das Heer,
Denn auch die Krieger wollten heute streiten
Und auf der Jagd erwerben Ruhm und Ehr'.

Den Köcherträgern liess er drauf befehlen:
Folgt uns und reicht mir emsig Pfeile her,
Doch unterlasst es nicht genau zu zählen,
Wieviel ich abschiess'. Schaut auch rings umher
Und zählt die Tiere, die getroffen fallen
Von meiner und des jungen Ritters Hand.
Jäh aufgeschreckt aus Wäldern und aus Thalen
Kam bald das scheue Wild herbeigerannt.

Unübersehbar war der Tiere Menge,
Die ungestüm nun nahte mit Gebrüll,
Entgegen stürzten sie sich ins Gedränge,
Der König und der junge Awtandil.
Kann wohl ein Anblick mehr die Augen bannen
Als der, der beider Jäger Bild gewährt?
Nun ist es Zeit die Bogen schon zu spannen,
Zu zeigen wer des höchten Ruhmes wert.

Ein schweres Staubgewölke, von den Rossen
Emporgefegt, verhüllt der Sonne Licht.
Von allen Seiten wurde Blut vergossen;
Die Pfeile schwirrten wie ein Hagel dicht.

Als alle sie bereits verschossen hatten,
Ward neuer Vorrat ihnen zugereicht,
Nicht einen Schritt die Tiere weiter thaten,
Die ein Geschoss aus ihrer Hand erreicht.

Sie sprengten übers Feld dahin und trieben
Wie ein Gewölk die Herden vor sich her.
Verschont nur wenige der Tiere blieben,
Wie Gottes Zorn war ihr Gemetzel schwer.
Gefärbt vom Blute waren bald die Thale
Sie selbst befleckt an Rüstung und Gewand.
Und Awtandil anschauend sagten alle:
Seht die Zypresse dort aus Edens Land!

Als sie das Feld weit hinter sich schon hatten,
Bot sich ein klarer Fluss den Blicken dar.
An seinen Ufern grünten keine Matten,
Sein Bett von Felsen eingeschlossen war.
Das Wild, das glücklich noch entkam den Pfeilen,
Floh in den Wald, wo nie ein Pferd eindrang.
Still standen beide nun erschöpft vom Eilen
Und von der Arbeit, die gewährt so lang'.

Mit Lächeln sagte jeder nun von ihnen:
Du bist besiegt, so wie du es gewollt!
So scherzten sie mit freundlich heitern Mienen
Bis sie die Ritter alle eingeholt.
Sagt mir die Wahrheit jetzt! begann der König,
Die Wahrheit nur wie ich es euch befehl'.
Und jene drauf: Wir sind Dir unterthänig,
Doch woll'n wir alles sagen ohne Hehl.

Ja, Herr, mit ihm kannst Du Dich nicht vergleichen,
Weit stehst Du ihm im Waidhandwerke nach
Und solltest Du deshalb vor Zorn erbleichen,
Es bleibt bei dem, was jener neulich sprach.
Stets auf der Stelle, wie vom Blitz geschlagen,
Fiel jedes Tier von seinen Pfeilen hin.
Ja, mit Gewissheit dürfen wir das sagen,
Denn unablässlich schauten wir auf ihn.

Zwei tausend Stücke Wild sind heut gefallen,
Doch nicht erfüllt der Wunsch, den Du gehegt.
Denn Awtandil — mag's Dir auch nicht gefallen —
Hat zwanzig Tiere mehr als du erlegt.
Von allen Pfeilen, die er abgeschossen
Hat nicht ein einziger verfehlt sein Ziel,
Von Deinen aber — hör' es unverdrossen! —
Sind in die Erde eingedrungen viel.

Wie eines Lieblingsliedes Töne sogen
Des Königs Ohren dies Geständnis ein.
Es freute ihn, dass der, den er erzogen,
Der erste war in seiner Krieger Reih'n.
So wie die Nachtigall'n die Rosen lieben,
So liebte er den kühnen Awtandil.
Er hörte auf sich weiter zu betrüben
Und heiter scherzend hielten beide still.

Sie stiegen ab von ihren müden Rossen,
Um in der Bäume Schatten auszuruhn.
Wie dichte Spreue kam herbeigeschossen
Das grosse Heer von allen Seiten nun.

Zwölf schlanke Ritter vor dem Könige stehen,
Die tapfersten im ungeheuren Heer.
Erfreut besprachen sie das, was geschehen
Und schauten an die Gegend um sich her.

Der arabische König sieht einen Jüngling in einem Tigerfelle.

Als plötzlich sie hinunter schau'n vom Hügel,
Da sehen sie: Am Ufer sitzt und weint
Ein fremder Jüngling, der am langen Zügel
Ein schwarzes Ross hält. Schön ist er und scheint
An Körperkraft dem Löwen just zu gleichen.
Sein Reitzeug ist mit Perlen reich geschmückt.
Erkennen kann man leicht an seinem bleichen
Gesicht, dass ihn ein schwerer Kummer drückt.

Bedeckt ist er mit einem Tigerfelle,
Das bunte Haar nach aussen zugewandt,
Und eine Mütze von demselben Felle
Bedeckt sein Haupt. In seiner rechten Hand
Er eine Peitsche hält, der wohl an Dicke
Ein starker Mannesarm nicht gleich mag stehn.
Die ihn von weitem schau'n mit gierigem Blicke
Verlangen in der Nähe ihn zu seh'n.

Den schwer Betrübten einzuladen sendet
Der König einen seiner Diener hin,
Jedoch den Kopf zur Erde hingewendet
Sitzt jener da und schaut nicht hin auf ihn.

Aus seinen schwarzen Augen Thränen fallen
Wie ein kristallner Regen hell und klar.
Der Diener naht ihm, doch von Angst befallen
Ihn anzureden er unfähig war.

Von ängstlichem Erstaunen ganz beklommen
Den Fremdling er nicht anzureden wagt.
Er schaut ihn lange schweigend an mit Bangen,
Doch endlich fasst er Mut und sagt:
.Der König bittet Dich mit mir zu kommen!
Dann tritt er näher hin, beruhigt ihn,
Doch jener weint von schwerem Schmerz beklommen
Und dies verwirrt noch mehr des Dieners Sinn.

Nicht einen Laut scheint er von dem zu hören,
Was jener ganz vernehmlich zu ihm spricht,
Sogar der Krieger laute Rufe stören
Den Weinenden in seinem Trübsinn nicht.
Gar sonderbare tiefe Seufzer ringen
Sich aus der schmerzdurchwallten Brust hervor
Und heisse blutgefärbte Thränen dringen
Durch seiner Wimpern schwarzen Seidenflor.

In weiter Ferne scheint sein Geist zu schweben,
Ein fernes Bild wohl sein Gedächtnis plagt.
Der Diener wiederholt, was er soeben
Im Namen seines Königs ihm gesagt,
Jedoch der Fremdling hebt nicht in die Höhe
Sein Haupt und weint ununterbrochen fort.
Wie lahm ist seine Zunge von dem Wehe
Und er erwidert nicht ein einzig Wort.

Als er umsonst gewartet eine Weile,
Kehrt er zurück zum Könige Rostewan
Und sagt: Vergeblich, Herr, war meine Eile,
Denn nicht einmal sah mich der Fremde an.
Wie von der Sonne ist mein Aug' geblendet,
Mein Herz gepresst von schwerer Bangigkeit,
Nicht einen Blick hat er mir zugewendet,
Obgleich ich wartete so lange Zeit.

Von schwerem Zorn des Königs Herz entbrannte,
Denn solch' ein Schweigen schien ihm sonderbar.
Sogleich zu ihm er die zwölf Diener sandte,
Die vor ihm standen in gedrängter Schar.
Nehmt eure Waffen mit, befahl er ihnen,
Geht hin zu jenem, der dort einsam sitzt
Und führt ihn her! Sagt ihm, dass kein Erkühnen,
Kein Sträuben ihm in diesem Falle nützt.

So wie der grosse König es begehrte,
Begaben sich die Diener zu ihm hin,
Und erst als er die Waffen klirren hörte,
Aus seinem Traum er zu erwachen schien.
Mit einem Blicke schaut' er auf zu jenen
Und als er auch des Heeres ward gewahr,
Rief einmal er: O weh! mit tiefem Stöhnen
Und wurde stumm wie er gewesen war.

Schnell seine Hand er an die Augen führte
Und wischte sich die heissen Thränen ab,
Dann griff er an sein Schwert und rührte
Die Rüstung an, die seine Brust umgab,

Sprang auf sein rabenschwarzes Ross und ohne
Zu würdigen eines Blicks die Dienerschar,
Ritt er davon, doch wie zum Spott und Hohne
Ganz langsam nur und jeder Eile bar.

Um nun den Jüngling zu ergreifen, sprangen
Die Diener zu ihm hin, jedoch o weh!
Gar bald bereuten sie, was sie begangen.
Dem Feinde selbst wünscht man nicht solches Weh
Wie's ihnen ward zu Teil, denn ach, die einen
Stiess an einander er, dass blutig, rot
Die Erde ward mit allem Gras und Steinen,
Die andern schlug er mit der Peitsche tot.

Erzürnt befahl der König auf der Stelle
Ihm nachzujagen seinem Kriegertross,
Doch pfeilschnell floh der Mann im Tigerfelle
Dahin auf seinem rabenschwarzen Ross.
Wer nah' ihm kam, um den war es geschehen,
Er wurde hingestreckt von seiner Hand
Und war nicht mehr im Stande aufzustehen,
Da sich sogleich die Seele ihm entwand.

Um selbst dem jungen Fremdling nachzujagen,
Der König jetzt sein Streitross schnell besteigt,
Auch Awtandil sitzt auf, doch ohne Zagen
Wiegt jener stolz im Sattel sich und zeigt
Nicht die geringste Hast. Mit leichtem Schritte
Trabt hin sein Ross und einer Sonne gleich
Strahlt seine Rüstung in des Thales Mitte.
Wer ihn verfolgte, merkte er sogleich.

Als ihm der König nahte von der Seite,
Versetzte seinem Ross er einen Hieb
Und wie ein Pfeil verschwand er in der Weite,
Dass auch nicht eine Spur von ihm verblieb,
Es schien, als wär' er in der Erde Tiefen
Versunken oder zu des Himmels Höh'n
Emporgeschwebt.   Sie suchten ihn und riefen,
Jedoch der Fremdling war nicht mehr zu seh'n.

Sie suchten lange ohne ihn zu finden
Und waren überrascht, dass ohne Spur
Ein Mensch so wie ein Dewe ¹) könnt' verschwinden.
Dann sammelte das Heer sich auf der Flur,
Half eiligst den Verwundeten und klagte
Mit Thränen um der Kameraden Tod.
Der König aber wurde ernst und sagte:
Jetzt weiss ich wohl, warum mir Trübsal droht.

Ja, Gott missfällt mein Frohsinn, der so lange,
Mir süsse Freude und Genuss gewährt,
Drum macht er plötzlich mir das Herz so bange
Und schickt mir Gram, der all mein Glück zerstört.
Am Lebensabend sendet er mir Leiden,
Die keine Arzenei mehr heilen kann.
Doch Dank sei ihm!   Gern will ich's ja erleiden
Und seh die Prüfung selbst als Gnade an.

Dann schwieg er still und ritt zum Lagerfeuer
Betrübt zurück und allem Kampf und Spiel
Macht' so ein Ende dieses Abenteuer.
Der König seufzt' und rings umher ward's still,

Denn jetzt befahl er seinen Kriegern allen
Gleich einzustell'n die Jagd und sein Gebot
Geschah. Nicht einer liess ein Wort entfallen,
Im Stillen seufzte mancher nur: O Gott!

Ins Schloss zurückgekehrt ging gleich der König
Betrübt und kummervoll ins Schlafgemach.
Von allen, die ihm treu und unterthänig,
Folgt ausser Awtandil ihm keiner nach.
Nur dieser, dem er wie dem eignen Kinde
Von Herzen zugethan, darf dieses thun.
Nach Hause gehen Herren und Gesinde,
Die Freud' ist hin, die süssen Harfen ruh'n.

Als Tinatin des Vaters Leid vernommen,
Erhob sie sich, ging sonnenstrahlend hin
Ins Schloss, lässt den Thürsteher zu sich kommen
Und fragt, als er vor ihr erschien:
Sag' hat der König sich zur Ruh' begeben?
Sag' schnell mir, ob er schlummert oder wacht!
Und jener: Seufzer seiner Brust entschweben,
Er sitzt allein, so trübe wie die Nacht.

Nur einer derer, die heut' mit ihm waren,
Der junge Awtandil, den er so liebt,
Ist dort. Der Anblick eines sonderbaren
Und fremden Jünglings hat ihn sehr betrübt.
Da sagte Tinatin: Ihn zu besuchen
Wär' unstatthaft, da anderswo sein Sinn,
Doch sollt' er nach mir fragen und mich suchen,
So sage, dass ich hier gewesen bin!

Als eine gute Weile war vergangen,
Der König plötzlich diese Frage stellt:
Wo ist mein Kind, nach dem stets mein Verlangen,
Das schöne Licht, das mir die Welt erhellt?
Der Haushofmeister sagt hierauf: Soeben
War Deine lilienwangige Tochter hier,
Doch da Du Dich betrübt zur Ruh' begeben,
Ging wieder sie zurück von Deiner Thür.

Geh' hin! befahl der König. Geh' sie holen
Und sage ihr: Du, Deines Vaters Glück,
Warum hast Du nicht bei ihm bleiben wollen
Und weshalb eiltest Du so schnell zurück?
Komm hin zu ihm, zerstreue seine Sorgen,
Sei Trost und Balsam für sein banges Herz!
Nichts bleibe Dir von allem dem verborgen,
Was ihm bereitet solchen tiefen Schmerz!

Dem Willen ihres Vaters treu wie immer
Ging Tinatin zum Vater hin sogleich.
Wie in der Nacht des Mondes Strahlenschimmer
So war ihr schönes Antlitz heute bleich.
An seine Seite sie der Vater setzte,
Küsst dann mit Zartgefühl ihr Angesicht
Und sagt: Kind, das Du meiner Freuden letzte,
Sag', warum kommst Du ungeladen nicht?

O Herr, entgegnete sie drauf mit Zagen,
Wer könnte Dich betrübt und traurig seh'n?
Dein Kummer muss selbst dem am Herzen nagen,
Den wenig rühren andrer Menschen Weh'n.

So weh ist mir, seh' ich Dich ohne Freuden,
Dass sich des Tages Helle vor mir trübt.
Doch besser thut der Mensch, wenn er sein Leiden
Den andern aufdeckt und die Heilung übt.

Mein Kind, erwiderte hierauf der König,
Mag noch so gross mein Leid und Kummer sein,
So schmerzen mich doch meine Leiden wenig,
Wenn Du nur glücklich bist und frei von Pein.
Die Freude Dich zu seh'n, o meine Sonne,
Ist aller Freuden höchste für mein Herz.
So lindert meinen Kummer diese Wonne
Wie süsser Balsam einer Wunde Schmerz.

Ich mein', wenn Du erfährst, was mich betroffen,
Wirst meine Trauer Du gewiss versteh'n.
Hör'! einen Jüngling habe ich getroffen,
So wunderbar wie keinen ich geseh'n,
Sein Schönheitsglanz die ganze Welt erhellte,
Doch ach, sein Kummer blieb mir unbekannt,
Die Fragen, die mein Diener an ihn stellte,
Liess ohne Antwort er, von Zorn entbrannt.

Als er mich sah, wischt' er sich ab die Thränen,
Sprang dann in aller Eile auf sein Ross,
Und die ihm nahten, um zu still'n mein Sehnen,
Schlug er zu Boden wie ein Erdenkloss.
So wie ein böser Geist ist er entfahren,
Sprach nicht mit mir wie man mit Menschen spricht.
Trotz allen Forschens kann ich nicht erfahren,
Ob er ein Mensch war oder ein Gesicht.

Verbittert sind am Ende meiner Tage
Die einzigen Freuden, die ich noch gehabt,
Vergessen habe ich mit einem Schlage
Das Glück, an dem ich mich bis jetzt gelabt.
Ja, mag mir jeder nun sein Mitleid spenden,
Denn Glück giebt's auf der Welt für mich nicht mehr,
In Trauer werde ich mein Leben enden,
In bittrer Trauer, die mir doppelt schwer.

Die Tochter sprach hierauf nicht ohne Zagen:
O Herr, zwar hat mein Wort geringen Wert,
Doch sag', wie kannst Du über Gott denn klagen
Und meinen, dass Er Dir Dein Glück zerstört?
Wie kannst Du Dem, der überreich an Gnade
Zuschreiben solchen bittern Zorn und Groll?
Kann Der verdunkeln unsre Lebenspfade,
Der's Gute schuf und ganz von Güte voll?

Wenn jenen Jüngling alle konnten sehen
Und er wie wir ein irdisch' Wesen ist,
Lässt sich wohl irgendwo ein Mensch erspähen,
Der Dir das Rätsel, das Dich plagt, erschliesst.
Wenn nicht, so ist's ein Trugbild nur gewesen,
Das so verdüstert Deinen heitern Sinn,
Drum lege ab Dein kummervolles Wesen
Und gieb Dich Deinem frühern Frohsinn hin!

Hör' meinen Rat: Du bist ein mächtiger König,
Der über andre herrscht mit Herrlichkeit,
Viel grosse Länder sind Dir unterthänig,
Wie keines andern reicht Dein Machtwort weit.

Drum schicke Boten aus nach allen Seiten,
Die sich erkundigen, wer der Jüngling sei,
Und leicht erfährst Du wohl in kurzen Zeiten,
Ob körperlos er oder irdisch sei.

Herbei gerufen wurden grosse Scharen
Und schnell in jeder Richtung ausgesandt
Mit dem Befehl: Trotzt tapfer den Gefahren,
Scheut keine Mühe, zieht von Land zu Land
Und sucht und späht nach jenem Unbekannten,
Verliert auch mit nichts anderem die Zeit!
Wohin ihr kommt, lasst einen Abgesandten
Uns Nachricht bringen, sei's auch noch so weit!

Sie brachen auf in grosser Zahl und zogen
Ein ganzes Jahr in weiter Welt umher,
Nach allen Seiten ihre Blicke flogen
Und jedem teilten mit sie ihr Begehr,
Doch nirgends sie ein menschlich Wesen fanden,
Das jenen Unbekannten je geseh'n,
Drum kehrten heim sie aus den fremden Landen
Und klagten, dass ihr Weg umsonst gescheh'n

Und sie berichteten: Herr, in die Quere
Und Länge zogen hin wir durch die Welt
Und fanden keinen, der ihm ähnlich wäre,
So dass die Freude des Erfolgs uns fehlt.
Kein einziges Wesen haben wir gefunden,
Das jenen Mann geseh'n von Angesicht.
Nicht konnten wir Dir unsere Treu' bekunden,
Erfüllten aber redlich unsere Pflicht.

Der König sagte: Meine Tochter hatte
Ganz recht, dass das ein böses Trugbild war,
Erschienen nur, damit es trüb beschatte
Mein Leben, das bis jetzt so heiter war.
Es hat, um mir die Ruhe wegzunehmen,
Mir diesen Streich gespielt ein böser Geist.
Doch mag es sein! Ich will mich nicht mehr grämen,
Da selbst mein Herz die Trauer von sich weist.

Hierauf liess er ein frohes Spiel beginnen,
Lud viele Gäste zum Gelage ein,
Den besten Wein liess er in Strömen rinnen,
Musik und Lieder schallten im Verein.
Auch viele reiche Gaben er verteilte
An seiner Diener treu ergebne Schar.
Noch nie ein Mensch auf unserm Erdball weilte,
Der so wie Rostewan freigebig war.

Allein, fern allem Schmerzensdrange
Jung Awtandil im Schlafgemache sass
Und singend zu der Harfe süssem Klange
Er seiner Sehnsucht tiefes Weh vergass.
Da kam zu ihm, von Tinatin gesendet
Ein Negersklave eiligst hin und sprach:
Die Vollmondschöne, die die Augen blendet,
Die Königin ruft Dich in ihr Gemach.

So hatte endlich Awtandil vernommen
Das süsse Wort, das längst sein Herz begehrt.
Schnell stand er auf und freudig, unbeklommen
Zog an er ein Gewand vom höchsten Wert.

Fast ausser sich ist er vor hoher Wonne
Und vor Erwartung endlich sie zu seh'n,
Er ruft: O welches Glück zu schau'n die Sonne
Und nahe gegenüber ihr zu steh'n.

Stolz, hehren Schritts und gänzlich unbefangen
Geht Awtandil, der Schlanke, hin zu der,
Um die er oft vor Sehnsucht fast vergangen,
Um die vergossen er ein Thränenmeer.
Hell wie der Blitz in ihrer Schönheit Schimmer
Sass sie, die Unvergleichliche, allein,
Von ihres Zauberglanzes Strahlenflimmer
Ward sonnenhell des Mondes blasser Schein.

In reichem Hermelin, der schneehell strahlte,
War ihre herrliche Gestalt gehüllt,
Von ihrem Haupt, leicht umgeworfen, wallte
Ein Schleier, reich von goldnem Stoff durchwühlt.
Und um den weissen Hals wand sich in langen
Und üppigen Strähnen hin das dichte Haar.
Wie spitzige Pfeile Wunden bringend drangen
Die schwarzen Wimpern her vom Augenpaar.

Sie war betrübt und blass von ihrem Leiden,
Als ins Gemach der schöne Jüngling trat.
Mit würdevoller Ruhe und bescheiden
Sie ihn sich vor sie hinzusetzen bat.
Ein Diener brachte schnell ihm einen Sessel
Und ehrfurchtsvoll setzt' er sich vor sie hin.
Das Glück presst ihm die Brust wie eine Fessel,
Als ihre Augen ihm entgegen glüh'n.

Verzeih, sagt er, den Blick kaum aufgerichtet,
Verzeih, dass ich kein Wort Dir sagen kann.
So wird der Mond, der silberne vernichtet,
Wenn er die Sonne trifft auf seiner Bahn.
Schwer wird's mir, die Gedanken jetzt zu sammeln,
Denn alle Seelenkraft fehlt mir dazu.
Drum lass mich nicht verworrne Fragen stammeln
Und sage selbst, was Dir geraubt die Ruh'.

Mit sanftsmutvollem Tone sagte jene:
Sei's auch, dass ich Dich ferne von mir hielt,
So wundert mich Dein Zagen doch. Ich wähne,
Dass Du es weisst, wie ich Dir bin gewillt.
Doch hör' mich an, denn gleich will ich Dir sagen,
Was für ein Kummer mich im Stillen quält,
Nicht hört er auf an meinem Herz zu nagen,
Weil mir das Mittel ihn zu heilen fehlt.

Du hast wohl sicherlich noch nicht vergessen
Die grosse Jagd vor wenigen Wochen, da
Mit meinem Vater Du Dich hast gemessen
Und er den unbekannten Jüngling sah.
Wie eine Last drückt mich seit jener Stunde
Fortwährend die Erinnerung an ihn.
Zieh' also aus und bring' mir von ihm Kunde,
Duchzieh' die Welt nach allen Seiten hin!

Sei's auch, dass Du bis jetzt vor mir geschwiegen,
So weiss ich dennoch, was Dein Herz erfüllt.
Ja, ausgeprägt liegt da in Deinen Zügen
Die Liebe, die Dein Herz schon lange fühlt.

Auch weiss ich, dass gar oft Du Deine Wangen
Mit heissen Sehnsuchtstbränen hast benetzt.
Mit einem Wort, ich hab' Dein Herz gefangen,
Du liebst mich innig. Also höre jetzt!

Du darfst mir nimmer diesen Dienst versagen,
Weil zweifach Du mir nun verbunden bist.
Denn erstens, bist Du, Jüngling ohne Zagen,
Mir unterthan, wie es kein zweiter ist.
Dann bist Du mein Geliebter! Unbefangen
Sag' ich's, denn es ist wahr und keine Mähr.
Drum ziehe aus und stille mein Verlangen,
Bring' Kunde mir von jenem Jüngling her!

Befestigen kannst Du dadurch Deine Liebe
Und mich befreist Du von der langen Qual,
Erhellst mein Leben, dass jetzt bang und trübe
Und nimmst den Kummer fort mit einem Mal.
Versprich es mir und pflanz' der Hoffnung Rosen
Mir in das Herz und dann kehr' froh zurück,
O Du mein Löwe und mit süssem Kosen
Empfang' ich Dich, der Du mein Lebensglück.

Noch lange beide daun beisammen sassen
Und immer heitrer ward der Stimmen Klang.
Der Jüngling sagt: Kaum kann das Glück ich fassen,
Das durch Dein Bild mir in die Seele drang.
Von Deinem Anblick bin ich fast von Sinnen,
Von jedem Blick, den Du mir heut' geschenkt,
Fühl ich ein wonnig Glühen und tief innen,
An hundert Stellen ist mein Herz versengt.

Zwar wurde es ihm schwer von ihr zu scheiden,
Jedoch er musste und nur noch einmal
Sah er sich um, um sich am Bild zu weiden,
Das ihm bereitet soviel Glück und Qual.
Vor Rührung schwer die schlanken Glieder beben,
Die Thräne glänzt an seiner Wimper Rand,
Sein Herz hat er für ihres hingegeben
Und so empfangen seiner Liebe Pfand.

O Sonne, sagte er zu sich, mit Eile
Hat mich der bittre Abschiedsschmerz erfasst
Hin ging ich stark und frisch vor einer Weile
Und gehe fort gebrochen und erblasst.
Was wird mir erst die lange Trennung bringen?
Denk ich daran, verwirrt sich ganz mein Sinn;
Doch sollt' sie mir das Leben selbst entringen,
Ich geb' es gern für die Geliebte hin.

Er ging ins Schlafgemach und legt sich nieder,
Doch kann er hemmen nicht der Thränen Flut.
Wie eine Pappel schwanken seine Glieder,
Wenn sie der Sturmwind peitscht mit heftiger Wut.
Halb eingeschlummert, sah er gleich der Lieben
Entzückend Bild im Traume vor sich steh'n.
Er bebt und ächzt wie unter schweren Hieben
Und schreit und ruft vor bittern Herzensweh'n.

Die Trennung schmerzte ihn wie eine Wunde
Und Thränen bleichten seiner Wangen Rot.
Als schon gekommen war die Morgenstunde,
Warf er ein schön Gewand um und so bot

Ein reizend Bild er dar für alle Blicke.
Dann ritt er schnell zum Königsschlosse hin
Und schweigend ganz von seinem Missgeschicke
Begann zum Könige er mit heiterm Sinn:

Besichtigen will ich Deine Länder alle
Und mustern überall Dein tapfres Heer,
Verkünden dann bei der Posaunen Schalle,
Dass Deine Tinatin auf Dein Begehr
Den hehren Thron Arabiens hat bestiegen.
Erfreuen will ich alle, die Dir treu,
Und jene, die sich Deiner Macht nicht fügen,
Mit Strenge züchtigen ohne alle Scheu.

Der König dankte freudig ihm und sagte:
O Löwe, nimmer schreckt Dich die Gefahr.
Das, was ein anderer nie zu thuen wagte,
Für Deinen Mut stets nur ein Leichtes war.
Ja, ziehe hin, doch sag', was soll ich thuen,
Wenn unsre Trennung allzu lange währt?
Nie wird in mir die Sehnsucht nach Dir ruhen,
Denn wie ein Sohn bist Du mir lieb und wert.

Der Jüngling voller Ehrfurcht sich verneigte
Und sagte: Herr, Dein Lob verdien' ich nicht.
Vielleicht führt Gott, der stets sich gnädig zeigte,
Mich bald zurück hier vor Dein Angesicht,
Und ich darf mich von neuem daran weiden
Und glücklich sein, weil es mir freudig strahlt.
Ja, sei's auch schwer für mich, von Dir zu scheiden,
So hoff' ich doch, ich seh' Dich wieder bald.

Hierauf umfing der König ihn und küsste
Wie seinen eignen Sohn mit Zärtlichkeit.
Den beiden gleich zu sein sich niemand brüste,
Denn ihnen gleicht kein Wesen weit und breit.
Der Jüngling stand nun auf und ging von dannen
Und dieser Tag ward ihm zum Trennungstag.
Nicht konnte Rostewan die Trauer bannen,
Sein weiches Herz dem Trennungsschmerz erlag.

Und Awtandil, der Wackre, der Gerechte
Brach auf und ritt nun zwanzig Tage lang.
Kaum schlummert er und macht die finstern Nächte
Zu Tagen, denn die Eile war sein Drang.
Sein einziges Glück in diesem Erdenleben,
Sein einziger Schatz auf dieser weiten Welt
Ist sie, die ihm ihr Herz als Pfand gegeben
Und deren Bild ihm selbst die Nacht erhellt.

Ein Ruf der Freude lief nach allen Gauen,
Als in sein Erbland er gekommen war,
Ein jeder eilte hin um ihn zu schauen
Und brachte reichlich ihm Geschenke dar.
Doch trotz des Frohsinns, der im Freundeskreise
Ihm hier den schweren Kummer nahm im Nu,
Gedachte er doch bald der Weiterreise
Und traf die Vorbereitung schnell dazu.

Der Stammsitz seiner Väter, eine Veste
Auf einem hohen, steilen Abhang stand.
Von ferne glich sie einem Felsenneste,
Denn nichts als Fels war ihre Aussenwand.

Drei Tage blieb der Jüngling hier und teilte
Gern das Vergnügen, dass die Jagd ihm bot,
Doch auch mit Schermadin er viel verweilte
Und teilte ihm sein ganzes Machtgebot.

Das ist der treue Diener, dessen Name
Wir weiter oben schon einmal erwähnt.
Erzogen einst mit Awtandil zusammen,
War wie ein Bruder er an ihn gewöhnt,
Er wusste nicht, was Awtandil so plagte
Und jetzt erst ward sein langer Wunsch erfüllt
Als dieser ihm die Worte wieder sagte,
Mit denen Tinatin sein Herz gestillt.

Mein teurer Schermadin, begann er zagend,
Seit lange mich schon mein Gewissen quält,
Dass ich vor Dir, der Du stets alles wagend
Bei keiner meiner Thaten hast gefehlt,
So lange meinen Schmerz geheim gehalten.
Doch wisse, dass von der, durch die ich litt,
Ich Balsam für die Wunde hab' erhalten
Und so nehm' ich nun Trost und Hoffnung mit.

Für Tinatin ich längst in Liebe glühe,
Mit Leidenschaft hat sie mein Herz erfüllt,
Doch wie die Rose in des Lenzes Frühe
Ist meiner Liebe Rose noch verhüllt.
Bis jetzt hab' ich das Leiden Dir verborgen,
Das lange Zeit an meinem Herz schon zehrt,
Doch nun siehst Du mich froh und ohne Sorgen,
Da sie mit heiterm Troste mich beehrt.

Und jetzt vernimm der Heissgeliebten Willen:
Geh', sagte sie, und zieh' Erkundigung ein,
Wer jener Fremdling war. Erst dann erfüllen
Kann ich den Wunsch, der Dein nicht ist allein,
Denn Dir nur schlägt mein Herz und zum Gemahle
Ich keinen andern ausser Dir erwähl'!
Ein Baum zerschmettre mich in seinem Falle,
Wenn ich des Herzens wahren Drang verfehl'!

So muss ich fort und ihr Geheiss ausführen,
Denn erstens bin ich ihr ja unterthan,
Und von den Tugenden, die Diener zieren,
Steh'n Treue und Gehorsam oben an.
Dann liess sie mich ja süssen Trost erfahren
Und hat gelöscht des Herzens lange Glut.
Nie darf ein Mann erschrecken vor Gefahren,
Denn seine Pflicht ist Wackerkeit und Mut.

Stets standst Du mir als Freund so nah' zur Seite
Wie nie ein Diener seinem Herrn es war,
Drum höre, eh' ich auszieh' in die Weite,
Was ich Dir im Geheimen offenbar'.
An meiner Stelle sollst Du hier verbleiben
Ich übergebe Dir das ganze Heer.
Doch ein Geheimnis muss das alles bleiben,
Nur Dir vertraue ich's, sonst keinem mehr.

Erfülle treu des Oberfeldherrn Pflichten,
Damit nicht sinkt des Heeres Zucht und Mut
Lass alles stets dem Könige berichten,
Wie es ein treu ergebner Diener thut!

Frag' ihn dabei nach seinem Wohlbefinden,
Schick' ihm auch kostbare Geschenke hin,
Lass ihn in keiner Weise je empfinden,
Dass ich, sein nächster Freund, abwesend bin.

Halt Heerschau ab, veranstalt Jagden, Spiele,
Wie ich es selber stets zu thuen pfleg'.
Drei Jahre wart' auf mich, es sind nicht viele,
Doch lang und nicht gefahrlos ist mein Weg.
Ich hoff', mein Lebensbaum wird nicht verderben
Und glücklich kehre ich zu euch zurück.
Doch sollt' ich auf der langen Irrfahrt sterben,
So wein' als Freund um mich und mein Geschick!

Erst da darfst Du dem Könige entdecken,
Weshalb so weit ich ausgezogen bin.
Und ohne allzu sehr ihn zu erschrecken,
Trag' Du ihm selbst die Trauerbotschaft hin!
Sag' ihm: Mit Awtandil ist das geschehen,
Was jeden hier auf Erden einst ereilt.
All' meine Schätze, die in Kammern stehen,
Sie seien unter Arme dann verteilt!

Noch mehr als jetzt und in weit höh'rem Masse
Wird mir Dein Freundesdienst da nötig sein.
Vergiss mein nicht, denk oft an mich und lasse
Dir dies Erinnern keine Bürde sein!
Mag Dir mein Seelenheil am Herzen liegen,
Erflehe mir bei Gott Barmherzigkeit!
Denk', wie ich wohl Dir that stets mit Vergnügen,
Beweine mich mit Mutterzärtlichkeit!

Als so dem Diener er sein Herz erschlossen,
War dieser schwer betroffen und betrübt.
Aus seinen Augen heisse Thränen flossen
Und dem, den er wie seinen Bruder liebt
Er sagte: Wie kann ich noch Freude finden,
Wenn Du, o bester Freund, so ferne bist.
Zum Bleiben möchte gern ich Dich verbinden
Doch ach, ich weiss, dass dies vergeblich ist.

Bleib hier an meiner statt! hör' ich Dich sagen,
Doch solche Würde steht mir wahrlich schlecht.
Worin kann ich denn Dir zu gleichen wagen,
Der ich doch nur Dein Diener bin, Dein Knecht?
Schon der Gedanke, dass Du in der Ferne
So einsam wanderst, bringt mir schwere Qual.
Drum nimm mich mit! Ich folg' von Herzen gerne,
Sei auch der Wandrung Leiden ohne Zahl.

Die nackte Wahrheit will ich Dir bekennen,
Erwiderte hierauf ihm Awtandil.
Gar heilsam ist's, von allem sich zu trennen
Für den, den plagt der Liebe Schmerzgefühl.
Nicht leicht ist's, eine Perle zu erwerben,
Zu hohem Preise muss man sie ersteh'n.
Wer seine Treue bricht, soll schimpflich sterben
Und Treue brechen soll mich niemand seh'n!

Wem soll ich mein Geheimnis anvertrauen
Als Dir, der Du der Würdigste doch bist?
Auf wessen Klugheit kann ich mehr noch bauen
Als auf die Deine, die erprobt schon ist?

Vor allem unsre Grenzen gut bewache,
Damit kein Feind in unser Land einfällt!
Vielleicht führ' ruhmvoll aus ich meine Sache,
Wenn Gottes Hilfe mir dabei nicht fehlt.

Der Zufall bringt auf gleiche Art Verderben,
Ob es nur einer oder hundert sind,
Ja, selbst allein werd' ich noch nicht verderben,
Wenn ich beim Himmel reiche Hilfe find'.
Wenn in drei Jahren ich zurück nicht kehre,
Beweine und beklage mein Geschick,
Und damit jeder Dich mit Achtung höre,
Lass schriftliche Befehle ich zurück.

Awtandils Brief an seine Untergebenen.

Hört Jung und Alt, die ihr mir untergeben,
Die ihr mir immer treu war't und vertraut.
Die ihr mir oftmals Zeugnis schon gegeben,
Dass ihr in jedem Falle auf mich baut,
Die ihr wie Schatten immer meinem Willen
Und Rate folgt, vernehmt, was ich euch schreib',
Denn meinen Plan will allen ich enthüllen,
Für keinen einzigen er geheim verbleib'!

Ich Awtandil, der ich mit ganzer Seele
Euch zugethan, wie es euch wohl bekannt.
Und euerem Gedächtnis mich empfehle,
Schreib' diesen Abschiedsbrief mit eigner Hand.

Für längre Zeit will allem ich entsagen,
Die Freuden meiden eine gute Frist
Und mir mit meinem Bogen das erjagen,
Was zu des Körpers Nahrung nötig ist.

Mir steht bevor ein wichtiges Unternehmen,
Das mich zu freiwill'ger Verbannung zwingt
Und oft vielleicht auch Mühsal hinzunehmen,
Wie es die Wanderschaft stets mit sich bringt.
Deswegen bitt' ich euch, erhört mein Flehen,
Seid euren Pflichten immer zugewandt,
Lasst unser Heimatland mich wiedersehen
Wie's jetzt ist, unversehrt von Feindeshand!

Vertreten wird in allem meine Stelle
Mein Schermadin, bis ich zurückgekehrt
Und froh betret' des Vaterhauses Schwelle
Ein jeder bis mein Schicksal er erfährt!
Mag wie die Sonne er in gleichem Masse
Bescheinen euch, die ihr von Untreu frei,
Doch keine Missethat er straflos lasse.
Den, der sie thut, zerschmelze er wie Blei!

Ihr wisst, dass er mir seit den Kinderjahren
So wie ein Bruder stets ergeben war.
Drum möget ihr Gehorsam ihm bewahren,
Als wär' er selber Awtandil fürwahr!
Sobald ihr hört das Zeichen der Trompete,
Helft ihm, damit er thu', was ich gethan.
Bin ich zur Frist nicht hier an dieser Stätte,
So klagt und leget Trauerkleider an!

Als er, der redend alle stets entzückte,
Beendet hatte seinen Abschiedsbrief,
Nahm er die Rüstung ab, die reich geschmückte,
Zog schlechte Bettlerkleider an und rief:
Hinaus aufs Feld will auf die Jagd ich reiten!
Sofort versammelte sich schnell das Heer
Um ihn auf seinem Ausflug zu begleiten,
Und als bereit es war, erschien auch er.

Jedoch er schickte alle weg und sagte:
Lasst mich allein durchstreifen diesen Ort!
Die Diener auch, mit denen er sonst jagte,
Entliess er alle ohne Abschiedswort.
Allein ritt schnell er auf die andre Seite
Und bald im hohen Grase er verschwand.
So war er ohne jegliches Geleite,
Jedoch ihr Bild sich stets bei ihm befand.

Schnell sprengte fort er über das Gefilde;
Bald aus den Augen ihn das Heer verlor.
Er schwand dahin gleich einem Traumgebilde,
Als stiege hoch zum Himmel er empor.
Jedoch die Liebe liess ihn nicht entkommen,
Sie war mit ihm stets ohne Ruh' und Rast,
Der Schmerz kam wieder, der ihn sonst beklommen
Und lag auf ihm wie eine schwere Last.

Als mit der Jagd sie dann zu Ende waren,
Fing jeder an zu suchen seinen Herrn,
Jedoch des Schöngesichtigen Spuren waren
Nicht mehr zu finden, denn er war schon fern.

Und so ging über nun in tiefe Trauer
Die Freude, die bis heute sie bewegt,
Und sie ergriff des schwersten Schmerzes Schauer
Schnell wie ein Sturmwind, der die Wälder fegt.

O Löwe, sagten sie, wer kann ersetzen
Dich, dem Gott keinen Menschen ähnlich schuf,
Sie suchten ihn mit Bangen und Entsetzen,
Doch nur vergeblich war ihr lauter Ruf.
Wer unterwegs entgegen kam, den fragten
Sie aus, ob er den Herrlichen geseh'n,
Doch alle ihnen nur dasselbe sagten.
Er war dahin, es war um ihn gescheh'n.

Hierauf liess Schermadin das Horn erschallen
Und als dies drang an der Zerstreuten Ohr,
Versammelten sie sich sofort und allen
Las laut das Schreiben Awtandils er vor.
Als sie vernahmen, dass er fortgezogen,
Vergrösserte ihr Schmerz sich noch viel mehr,
Ihr Wehruf dröhnte laut wie Meereswogen,
Kein Auge blieb von heissen Thränen leer.

Awtandil zieht aus um Taryel zu suchen.

Das sagt mit mir der weise Dionys
Und mit ihm gleichfalls Esra, der Prophet:
Gar bitter ist es, wenn des Winters Hauch
Die Rose knickt und ihrer Pracht beraubt.

Nicht minder bitter ist des Mannes Los,
Der jugendfrisch wie eine Rose ist
Und in der Fremde, von der Heimat fern,
Die schwerste Lebensnot ertragen muss.

Bald hatte Awtandil die Ebene
Und auch Arabiens Grenzen hinter sich
Und kam nun in das erste fremde Land.
Die Trennung von der Vielgeliebten riss
Des jungen Lebens besten Teil ihm weg,
Doch trostvoll dachte er: Wozu der Gram,
Da ich sie ja vielleicht noch wiederseh'?
Dann folgten wieder Stunden bittern Leids,
Schmerzvolle Augenblicke, da er schon
Von allem Troste bar den Dolch ergriff
Um zu durchbohren sein gequältes Herz.
Er rief dabei: Mein schweres Schicksal hat
Vergrössert meine Leiden hundert mal.
Von allen Freuden bin ich hier getrennt,
Von den Gelagen und der Harfe Spiel.
So welkte seines Lebens Rose hin
Vom Schmerze, den ihm die Entfernung schlug,
Jedoch die Seelenkraft verliess ihn nicht,
Denn mit Geduld bewaffnet war sein Herz.
Und weiter irrte er von Ort zu Ort
Und fragte gierig jeden, den er sah,
Nach jenem Fremdling, dem sein Suchen galt.
Den sucht er, dessen reicher Thränenstrom
Mit seiner Flut vergrössern könnt' das Meer.
Die harte Erde war sein Ruhebett,

Der Arm sein Pfühl. O, rief er schmerzvoll aus,
O Teure, zwar bin ich von Dir getrennt,
Jedoch mein Herz ist immer nur bei Dir
Und gern ertrüge ich den Tod für Dich.

Des ganzen Erdballs weite Länderwelt
Durchzog er. Unterm Himmel weit umher,
Von Meer zu Meer blieb nicht ein einziger Ort
Wo er nicht suchend schon gewesen war,
Doch keinen Menschen fand sein gieriger Blick,
Der je gesehen jenes Fremdlings Spur.
So waren ihm drei Jahre fast entrollt
Und übrig blieben nur der Monde drei.
In eine Wüste führte nun sein Weg,
Wo einen Monat lang kein einziger Mensch,
Kein Adamssohn sich zeigte seinem Blick.
Viel grössre Schmerzensqual ertrug er hier
Als einstmals Wiss [2]) ertragen mit Ramin,
Und immer war es die Geliebte nur,
Der all sein Denken und Empfinden galt.
Auf einen Berg kam eines Tages er
Und rastete. Von hier aus that sich ihm
Der Anblick einer Ebene auf, die sich
Erstreckte sieben Tagereisen weit.
Am Fuss des Berges floss ein Fluss dahin,
Der ohne Mühe zu durchwaten war.
Auf beiden Ufern stand ein dichter Wald.
Mit Freude schaute er die Landschaft an,
Zählt' dann die Zeit, die ihm noch übrig war
Und da entdeckt zu seinem Schrecken er,

Dass nur zwei Monde blieben von der Frist.
Leicht wird jetzt mein Geheimnis kund!
Denkt er bei sich von Unruhe gequält.
Doch ach, was soll ich thun? Kein Mensch vermag
Zu ändern seines Schicksals strengen Lauf.
Zweimal geboren wird kein Menschenkind.
Zum langen Zaudern keine Zeit ihm blieb
Und er erwägt: Wenn ich zurück jetzt kehr',
Bin ich umsonst gewandert durch die Welt
Und zwecklos nur verrann so viele Zeit.
Und was erwid'r ich ihr, wenn sie mich fragt,
Wozu ich diesen weiten Weg gemacht?
Erführe ich selbst Falsches über ihn,
So wär' ich dessen froh und käme dann
Nicht ohne alle Kunde wieder heim.
Wenn ich nicht umkehr', sondern weiter zieh
Und weitre Tage suchend noch verlier,
Verschlimmre ich noch mehr der Dinge Lauf.
Die letzte Frist wird schnell verronnen sein,
Mein Schermadin zum Könige hingeh'n,
Ihm alles, was bis jetzt geheim noch ist,
Aufdecken und von meinem Tode dann
Ihm Nachricht geben wie ich es befahl.
Laut werden sie beweinen mein Geschick,
Und dann auf einmal kehre ich zurück,
Wird das nicht aussen'n fast wie Spott und Hohn?

Das alles überlegte er mit Ernst
Und noch viel düstrer wurde sein Gemüt.
Er rief: O Gott, warum entzogst Du mir

Denn Deine Gnade und Barmherzigkeit
Und machtest fruchtlos meiner Irrfahrt Müh'?
Verscheucht hast Du aus meinem Herz das Glück
Mit allen Jugendfreuden und darin
Ein Nest errichtet für die schwerste Qual!
Doch nein, harr' wacker aus, verzage nicht!
Ruft er sich zu. Bis Deiner Tage Zahl
Nicht abläuft, musst Du leben, sei's auch schwer!
Vergeblich nur die heisse Thräne fliesst,
Denn ohne Gott dem Menschen nichts gelingt.
Nicht ändern kann er der Vorsehung Schluss,
Um das Unmögliche umsonst er ringt.
Und doch ist selbst der schmerzenvollste Tod
Viel besser als ein Leben voller Schmach.
Vor tiefer Schmach muss ich ja fast vergeh'n,
Wenn ich zurückkehr' und die Herrliche,
Die selbst den Sonnentag noch heller macht,
Mich nach dem Fremdlinge um Kunde fragt
Und ich ihr nichts darauf erwidern kann.
Fast alle Erdenwesen hab' ich angeschaut
Und dennoch nichts erfahren über ihn,
Drum glaub' ich jetzt, dass die im Rechte sind,
Die fest behaupteten, er sei ein Geist.

Vor schwerem Herzleid seufzte er jetzt tief.
Er fasste schmerzlich bebend den Entschluss
Zurückzukehren in sein Heimatland
Und ritt vom Berg hinunter in das Thal.
Seit einem ganzen Monat hatte er
Hier keinen einzigen Menschen mehr geseh'n.

Nur wilde Tiere waren ihm sehr oft
Begegnet, aber weder Furcht noch Scheu
Empfand bei ihrem Anblick Awtandil.
Obgleich von schwerer Mühsal und von Schmerz
Er selbst fast einem Tiere ähnlich war,
Verlangte es ihn doch nach Menschenart
Zu essen, wenn der Hunger ihn beschlich.
Mit seiner eines Rustems[3]) würdigen Hand
Schoss er ein Reh, stieg dann vom Rosse ab
Und machte nah' am Hain ein Feuer an.
Sein Pferd liess weiden er am Wiesenrand
Und sass am Feuer bis der Braten gar,
Als plötzlich er mit seinem Adlerblick
Sechs Reiter in der Ferne ward gewahr.
Das sind wohl Räuber, dachte er bei sich,
Denn Wanderer können sie unmöglich sein,
Da diese öde Gegend wohl vor mir
Noch nie ein Wanderer betreten hat.
Schnell nahm er Pfeil und Bogen in die Hand
Und ging ganz unerschrocken auf sie zu.
Zwei bärtige Männer führten einen, der
Der jüngste schien und schwer verwundet war.
Vom Blutverlust war er besinnungslos
Und jene klagten laut, denn wenig blieb
Ihm übrig nur von seinem Lebensmass.

Wer seid Ihr, Brüder? rief er ihnen zu.
Schon meinte ich, Ihr müsstet Räuber sein.
Beruhige Dich! versetzten jene drauf,
Hilf uns und lösche unsrer Qualen Glut,

Und kannst Du's nicht, so trage Leid mit uns,
Beweine das, was heisser Thränen wert,
Bis Schmerzensblässe auf die Wange tritt.
Zu ihnen näher ging nun Awtandil
Und schluchzend und von schwerem Leid erfüllt
Erzählten sie ihm ihren Unglücksfall.
Wir sind drei Brüder und das ist der Grund
Von unserm bittern Weh, begannen sie.
An Chinas Grenze unsre Stammburg steht.
Da wir gehört, es gäbe hier viel Wild,
So kamen wir in diese Gegenden
Mit einer ungeheuren Kriegerschar
Und schlugen dort am Bach das Lager auf.
Der Ort gefiel uns und wir blieben hier
Und jagten einen ganzen Monat lang,
Denn reich war unsre Beute jeden Tag.
Wir drei beschämten alle Schützen, die
Sich mit uns massen, aber bald entstand
Auch zwischen uns ein Wettstreit, da mit Stolz
Sich von uns jeder für den besten hielt.
Die Wahrheit festzustellen war nicht leicht,
Denn voller Selbstsucht sah ein jeder nur
Die eigene Gewandtheit, während die
Der andern ihn erfüllte mit Verdruss.
Um endlich zu entscheiden unsern Streit,
Entliessen wir heut' in der Früh' das Heer,
Beladen reich mit Fellen aller Art.
Ganz ohne fremde Hilfe wollten wir
Uns gegenseitig zeigen, wem der Ruhm
Des besten Bogenschützens zugehört.

Drei Waffenträger blieben nur mit uns,
Denn da wir hier in dieser Wüstenei
Uns ferne glaubten jeglicher Gefahr,
So schickten wir die andern alle fort.
Und Beute machend zogen wir umher
Durch jene Wälder und die weite Flur,
Kein einziger Vogel flog an uns vorbei,
Den wir nicht nieder schossen aus der Luft.
Da tauchte unerwartet vor uns auf
Ein Jüngling mit streng traurigem Gesicht.
Auf schwarzem Rosse sass er stattlich da.
Ein Tigerfell um seine Schultern hing
Und sein Gesicht war so bezaubernd schön,
Dass wohl kein Mensch ein schöneres geseh'n.
Wir schauten hin und seiner Schönheit Glanz
Ertrugen unsre schwachen Augen kaum.
Wie eine Sonne wallte er umher.
Ihn zu besitzen wünschten wir sogleich
Und dieses kühne Unterfangen ist
Der Grund von unserm bittern Leid.
Ich als der älteste verlangte ihn
Nach der Besiegung mir zum Eigentum.
Der zweite bat sein schönes Ross sich aus
Und dieser, der der jüngste von uns ist,
Erbot sich ihn zu überwältigen.
Mit Zornglut färbte sein Gesicht sich da,
Denn sein Gemüt, das unerregbar schien,
Empörte unser Thun. Er blickte uns
Nicht einmal an, er wandte sein Gesicht
Verächtlich von uns weg und schwächte schnell

Mit seiner Peitsche unsrer Worte Ton.
Dem jüngsten Bruder überliessen wir
Die Ehr', sich seiner zu bemächtigen.
Er trat ihm näher, packte ihn am Arm
Und rief mit lauter Stimme: Bleibe stehn!
Anstatt das Schwert zu zieh'n, blieb ruhig er
Und dies vermehrte unsre Unvorsicht,
Denn plötzlich schwang die Peitsche er mit Kraft
Und ach, mit einem einzigen Schlage zerhieb
Er unsers armen Bruders Kopf, dass weit
Das Blut nach allen Seiten spritzte und
Er ganz besinnunglos zu Boden fiel.
So schwer hat unsre Kühnheit er bestraft.
Er wandte sich nicht einmal um nach uns
Und ritt gemächlich ohne Eile fort.
Doch schaue, siehst Du jenen Reiter dort?
Das ist er. Schau doch, einer Sonne gleich
Zieht er dahin! Und die Verzweifelten
Und Hoffnungslosen zeigten Awtandil
In weiter Ferne ein ganz schwarzes Ross,
Das jenen Herrlichen von dannen trug.

So hatte endlich er sein Ziel erreicht
Und durfte freudig in die Zukunft schau'n,
Denn nicht vergeblich war ja sein Bemüh'n
Und seine Irrfahrt durch die weite Welt.
Sobald der Mensch gefunden, was er sucht,
Sobald das lang Gewünschte er erreicht,
Soll er vergessen alles schwere Leid,
Das er schon glücklich überstanden hat.

Zu jenen wandte er sich nun und sprach:
Seit lange irr' ich obdachlos umher
Um den zu finden, den ihr mir gezeigt.
Dass ich erreicht das lang' ersehnte Ziel
Verdank' ich, liebe Brüder, euch allein.
Drum möge euch in Zukunft Gott, der Herr
Von allem Leid und aller Not befrei'n
Und eurem Bruder helfen wie Er mir
Dem schon Verzweifelten geholfen hat.
Dann zeigt' er ihnen seinen Lagerort
Und sagte: Führet ihn dorthin und legt
Ihn nieder, wo der Schatten Kühle leiht
Und lasst dort eure müden Glieder ruh'n!

Nach diesen Worten ritt er eiligst fort.
So wie ein Habicht schoss er schnell dahin.
Erloschen war die Glut, die ihn gebrannt,
Erloschen war sie wie der Mond erlischt,
Wenn er die Sonne trifft auf seiner Bahn.
Er ritt ihm nach und überlegte nun,
Wie die Begegnung anzustellen sei.
Leicht ist es möglich, dachte er bei sich,
Dass seine Wut noch heftiger ausbricht,
Wenn ich ihm unerwartet nahe komm'.
Ein kluger Mensch soll jede Schwierigkeit
Zu überwinden wissen, aber nie
Mit grosser Eile fassen den Entschluss.
Da er, wie ich schon weiss, die Kraft nicht hat
Sich zu beherrschen und so rasend ist,
Dass keinen Menschen er sich nahen lässt,

So könnte unsere Begegnung leicht
Verwickeln uns in einen hitzigen Kampf,
In dem der eine oder andre fällt.
Nein, sagte er zu sich, umsonst soll nicht
Gequält mich haben solcher Mühsal Pein.
Wer er auch sei, so hat er doch gewiss
Ein Nest, wo er von Zeit zu Zeit verweilt.
Drum mag so weit er ziehen als er will,
Und hinter Mauern sich verbergen gar,
So find' ich dennoch wohl Gelegenheit
Das zu erfahren, was mir nötig ist.

Zwei Tage und zwei Nächte rastlos ritt
Er in der Ferne hinter jenem her,
Geplagt von Hunger und von Müdigkeit.
Am dritten Tage um die Abendzeit
Gelangten sie in eine Gegend, die
Von hohen Felsen eingeschlossen war.
In diesen waren Grotten und davor
Ein kleiner Bach, an dessen Ufern sich
Ein dichtes, hohes Laubgehölz hinzog.
Quer durch den seichten Bach, die Schlucht entlang
Ritt nun der Fremdling einer Grotte zu.
Und Awtandil stieg schnell vom Pferde ab,
Band dieses an und klomm auf einen Baum
Um ungestört dem Jüngling zuzuschau'n.
Als dieser schon den Felsen nahe war,
Trat ihm entgegen aus der Grottenthür
Ein Weib, das schwarze Trauerkleider trug.
Der Jüngling stieg vom Pferde eiligst ab,

Umfing die Trauernde und sie sank ihm
Mit ausgestreckten Armen an die Brust.
So standen beide eine Weile da
Und ihre Schmerzenslaute hallten weit
Bis zu dem Baume hin, wo Awtandil,
Betroffen von dem Bilde, das er sah,
In seinem dichten Laubverstecke sass.
Als ruhiger geworden war das Weib
Und überwunden schien ihr schweres Leid,
Hob sie das Sattelzeug vom Pferde ab
Und führte dieses in den Stall hinein.
Dann zog sie in die Grotte sich zurück
Und zeigte sich an diesem Tag nicht mehr.
Erstaunt sah alles Awtandil und sann
Darüber nach, was nun zu thuen sei.

Am nächsten Morgen in der Dämmerung
Trat wieder jenes Weib im schwarzen Kleid
Heraus und führte mit sich auch das Ross,
Das sie mit ihrem Kopftuch striegelte.
Dann sattelte sie es mit leichter Hand
Und seines Reiters wartend stand es da.
Der Fremdling hatte die Gewohnheit hier
Zu bleiben stets nur eine kurze Zeit,
Und bald erschien er vor der Grottenthür,
Umfing und küsste jene Trauernde,
Schwang sich dann auf das Pferd und ritt davon.
Laut weinend blickte sie ihm lange nach
Und wurde noch betrübter als zuvor.
Ganz aus der Nähe sah nun Awtandil

Den Fremdling, der noch jung und bartlos war.
Er sprach zu sich: Wie eine Sonne schön
Ist er und Blumenduft weht her von ihm.

Und auf demselben Wege ritt er fort,
Auf welchem gestern er gekommen war.
Fort durch den Wald ritt er aufs Feld hinaus
Und Awtandil, verborgen im Gezweig,
Schaut aufmerksam ihm nach und denkt bei sich:
Wie Gottes Gnade mir doch weiter hilft!
Jetzt habe ich nichts Besseres zu thun
Als schnell zu jenem Weibe hinzugeh'n,
Ihr kund zu geben, was mich hergeführt
Und sie durch Milde zu bewegen, mir
Auch alles zu erzählen, was sie weiss
Von jenes Jünglings trübem Missgeschick.
Auf diesem Wege meid' ich die Gefahr
Und ich komm friedlich, ohne Kampf zum Ziel.
Schnell stieg herunter er vom Baume nun,
Band eiligst los sein Pferd, schwang sich darauf
Ritt mutig zur bewohnten Grotte hin
Und pochte an die fest verschloss'ne Thür.
Mit feuchten Augen kam das Weib heraus;
Sie glaubte, jener Rosenwangige
Und Schöngesichtige sei zurückgekehrt.
Doch als sie einen Fremden vor sich sah,
Lief sie wie rasend schnell dem Walde zu
Und schrie und rief dem schon Entschwundnen nach.

Vom Pferd sprang Awtandil mit einem Satz
Und wie im Netz ein Rebhuhn fing er sie.

Das Weib schrie lauter noch, jedoch ihr Schrei
Fand keine Antwort als den Widerhall.
Mit Ekel wandte sie sich weg von ihm
Und weigerte sich lang ihn anzuschau'n.
So wie ein Rebhuhn in des Adlers Klau',
Erbebte sie in Furcht vor ihm und rief
Zu Hilfe einen, welcher Taryel hiess
Und der doch ausblieb und nicht zu ihr kam.
Demütig legte Awtandil die Hand
An seinen Hals und kniete vor sie hin.
O schweige doch! begann er sanft zu ihr,
Was habe ich Dir Schlimmes denn gethan?
Du siehst, ich bin ein Mensch, ein Adamssohn.
Gesehen hab' ich jenen Jüngling schon,
Der seiner Rose Glanz verloren hat.
Erzähl' mir doch in Kürze, wer er ist,
Der Palmenschlanke, Schöngesichtige,
Nichts anderes verlange ich von Dir.
Drum fürcht' Dich nicht und höre auf zu schrei'n!

Mit lautem Schluchzen gab zur Antwort sie:
Wenn Du bei Sinnen bist, so gehe fort
Und bist Du's nicht, so komme doch zu Dir!
Schwer zu erfüllen ist, was Du verlangst,
Drum gieb Dir also keine lange Müh'
Und harre der Erzählung nicht umsonst!
Jawohl, hör' auf zu bitten und zu fleh'n,
Denn selbst des Dichters Feder könnte nicht
Das alles wiedergeben, was ich weiss.
Auf jedes Bittwort, dass Du zu mir sprichst,

Vernimmst Du hundertmal das Neinwort nur.
Mag Freude besser auch als Trauer sein,
Jedoch für mich ist sie es nimmermehr.
O hartes Weib, ruft er, o wüsstest Du,
Woher ich komme, welche Mühsal ich
Erfahren hab' auf meiner Wanderung!
Seit wann ich unstät schon umher so irr'
Nach sichrer Kunde suchend über ihn.
Von keinem Menschen in der weiten Welt
Vernahm ich über ihn ein einzig Wort,
Nur Dich hab' ich gefunden, die mir das,
Wonach mein Herz verlangt, erzählen kann.
So sehr Du Dich davor auch sträuben magst,
Ich geh' nicht, bis Du meinen Wunsch erfüllst.
Wen sehe ich? ruft sie. Wer bist Du denn?
Du bist mir völlig fremd und ich Dir auch.
Wenn wärmend nicht die helle Sonne scheint,
So ist der Reif noch schädlicher als sonst.
Nein, warte nicht, denn ich erzähl's Dir nicht!
Von neuem fing er sie zu bitten an,
Fiel flehend nieder vor ihr auf das Knie,
Jedoch umsonst war all sein Bitten nur,
Denn unerbittlich blieb sie wie zuvor.
Da schwand dem Jüngling endlich die Geduld
Und wilder Zorn nahm ihre Stelle ein.
Er stürzte sich auf sie mit Ungestüm,
Zog auf die Erde sie am langen Haar
Und setzte seinen Dolch ihr an den Hals.
O Weib, ruft er, nicht ungestraft sollst Du
Vermehrt noch haben meinen schweren Gram

Und jede Thräne, die Du mir erpresst,
Will rächen ich an Dir, Du Grausame!
Sprich also schnell und nichts soll Dir gescheh'n,
Jedoch wenn Du mein Flehen nicht erhörst,
Bring' ich Dich um wie meinen ärgsten Feind.

Ein schlechtes Mittel hast Du auserwählt!
Gab sie zur Antwort ihm mit Seelenruh'.
Erschrecken könnte Deine Drohung mich,
Wär' ich nicht längst gewöhnt an schweres Leid.
Was nützt Dir auch mein Tod? Er hilft Dir nicht
Das zu erfahren, was Du so begehrst.
Wie kommst Du denn dazu, so· kühn zu sein? ·
Du bist mir völlig fremd und ich Dir auch, ·
Drum fordre nicht von mir, was ich Dir nie
Und nimmermehr erfüllen kann noch will.
Sag', womit drohst Du mir? Ich geb' Dir selbst,
Aus freien Stücken, gern mein Leben hin.
Mit Gleichmut geb' ich's hin, wie einen Brief,
Der längst gelesen schon und nutzlos ist,
Und den Du, wenn Du willst, zerreissen kannst.
Warum meinst Du denn, dass der Tod für mich
Ein grauser Schrecken oder eine Strafe sei?
Im Gegenteil, er würde mich befrei'n
Von allem Gram und schwerem Herzeleid.
Nichts mehr als leere Spreu ist mir die Welt
Auf meiner Wage hat sie kein Gewicht;
Sie wiegt nicht mehr als Spreue oder Stroh.
Du bist mir fremd. Wie kann ich also Dir
Das anvertrauen, was Vertrauen heischt?

Auf diese Weise komm' ich nicht zum Ziel,
Denkt Awtandil bei sich. Viel besser wird,
Wie ich jetzt seh', der Weg der Milde sein.
Er liess sie los, entfernte sich von ihr
Und setzte sich in einen Winkel hin.
Der schwere Gram, den er im Herzen trug,
Ward wach in ihm und Thränen drangen bald
Hervor aus seinen Augen. Weib, sprach er,
Verzeihe mir, ich hab' Dir weh gethan
Und muss dafür mich schämen vor mir selbst!
Auch sie liess sich jetzt nieder. Strenge noch
Und finster war ihr Blick. Nicht weit von ihr
Sass Awtandil, der lange trauernd schwieg.
Im Rosengarten seiner Wangen floss
Ein Thränenbach dahin, doch auch bei ihr
Trat jetzt der Rührung Milde ins Gesicht.
Sie hatte Mitleid mit dem Jünglinge
Und weinte stille Thränen über ihn,
Doch eine Fremde vor dem Fremden sass
Sie da und hielt der Zunge Zügel fest.
Als Awtandil bemerkte, dass ihr Zorn
Gelegt sich hatte, stand er wieder auf
Sank vor ihr nieder auf das Knie und sprach:
Ich weiss es, meine Schuld ist viel zu gross,
Als dass Verzeihung ich erwarten kann.
Ich habe Dich erzürnt und steh' vor Dir
Beschämt jetzt wie ein armer Bettler da,
Jedoch die Hoffnung gebe ich nicht auf,
Dass Du Barmherzigkeit noch an mir übst,
Zumal ja in der Schrift geschrieben steht:

Vergebet siebenfältig jede Schuld!
Zwar hab' mit Recht ich Deinen Zorn verdient,
Jedoch, o Weib, Du wirst es wohl versteh'n,
Dass der des Mitleids und der Nachsicht wert,
Der grausam leidet von der Liebe Qual.
Für's Herz gab ich die ganze Seele hin
Und stehe hilflos in der Welt allein.

Als von der Liebe sie ihn reden hört',
Fing schwer und schmerzlich sie zu seufzen an
Und Thränen gossen ihre Augen aus.
Dies sehend dachte Awtandil bei sich:
Jetzt geht der Stern der Hoffnung für mich auf.
Ich sehe schon, mein Wort hat sie gerührt,
Denn ohne Zweifel ist auch sie verliebt
Und weint dem nach, der ihr die Ruhe nahm.
O Schwester, sagt er ihr, zum Wahnsinn hat
Mich meine Schmerzensliebe fast gebracht,
Und dem, den schwer die Liebe quält, versagt
Ja selbst der Feind sein tiefstes Mitleid nicht.
Die, die mir über alles teuer ist,
Hat mich nach diesem Jüngling ausgesandt.
Auf Höhen, die die Wolke nicht erreicht,
Bin ich gestiegen, suchend seine Spur,
Bis ich nun endlich ihn gefunden hab'.
Nur Du allein bist es, durch deren Herz
Ich in das seinige gelangen kann.
Tief eingeprägt trug ich sein Bild in mir
Und alle Freuden meidend zog ich weit
In aller Welt umher und suchte ihn.

Mach mich zum Sklaven oder mach mich frei,
Schenk' mir das Leben oder töte mich,
Nimm meine Leiden oder mehre sie!

Mit sanfter Stimme sprach sie jetzt zu ihm:
So hast Du nun den bessern Weg gewählt.
Erst hast Du Feindschaft in mein Herz gesä't,
Doch jetzt find'st eine Schwester Du in mir,
So schwesterlich wie keine leibliche.
Ja, da Du auf der Liebe Pfad mir nahst,
Vermag ich's nicht Dir noch zu widersteh'n
Und will in allem Dir ergeben sein.
Nicht länger kann ich Dich bekümmert seh'n,
Für Dich zu sterben bin ich selbst bereit.
Doch höre, was ich Dir jetzt sagen will!
Wenn Du in allem meinem Rate folgst,
Wirst sicherlich Du finden, was Du suchst.
Folgst Du ihm aber nicht, so wirst Du nie
Gelangen zu dem Ziel, nach dem Du strebst,
Soviel Du Thränen auch vergiessen magst,
Kein Klagen und Verwünschen hilft Dir dann.

Hierauf gab Awtandil zur Antwort ihr:
Das, was Du jetzt gesagt gleicht folgendem:
Zwei Freunde waren auf der Wanderung
Und gingen ruhig ihres Weges hin,
Als unversehens einer von den zwei'n
In eine tiefe Grube fiel. Bleib hier
Und wart' auf mich, ich hole einen Strick!
Rief ihm der andre zu, der oben war.
Das muss ich ja, rief jener laut mit Spott,

Denn ohne Dich kann ich ja nicht heraus!
In Deiner Hand allein, o Schwester, liegt
Das Schicksal dessen, den Du vor Dir siehst,
Denn niemand ist ja in der weiten Welt
Imstande mir zu helfen ausser Dir.
Ja, Dir ergebe ich mich gern und ganz,
Denn meinen Wahnsinn heilen kannst nur Du.

O Jüngling, gab zur Antwort sie, gar sehr
Gefällt mir Deine Rede und ich seh',
Dass gut Du bist und höchsten Lobes wert.
Für Deine Leiden wirst Du nun belohnt
Und hast gefunden, was Du so gesucht.
Jedoch von niemand anderm als von ihm
Kannst alles Du erfahren, was Du wünschst
Und was in Wahrheit schwer zu glauben ist.
Hier musst Du warten bis zurück er kehrt
Und bliebe er auch noch solange aus.
Bis dahin aber lass das Trauern sein!
Wenn unsre Namen Du zu wissen wünschst,
So höre! Jener, den der Wahnsinn plagt,
Heisst Taryel und ich, die ich vergeh'
Vor Schmerzensglut, die nicht zu löschen ist,
Heiss Asmat und teil all sein Missgeschick.
Mehr kann ich Dir nicht sagen über ihn.
In Feld und Wald irrt rastlos er umher
Und ich wohn' in der Grotte hier allein
Und leb' vom Wildpret, das er mir erlegt.
Ob bald, ob heute er noch wiederkehrt,
Ob erst nach längrer Zeit, das weiss ich nicht.

Drum warte und entfern' Dich nicht von hier.
Sobald er kommt, will ich ihm bittend nah'n
Und möglich ist es, dass es mir gelingt,
Ihn zu bewegen, Dir mit Freundlichkeit
Und Milde zu begegnen. Selbst wird er
Dir dann erzählen, was sein Leid betrifft,
Und giebt Dir so vielleicht Gelegenheit
Die zu erfreuen, die Dir teuer ist.
Der Jüngling hörte aufmerksam ihr zu
Und gab ihr das Versprechen, ihren Rat
Ganz zu befolgen ihrem Wunsch gemäss.
Als sie noch nicht beendet ihr Gespräch,
Vernahmen sie vom nahem Bache her
Ein Plätschern und hell strahlend wie der Mond
Ritt Taryel der stillen Höhle zu.
Sofort verliessen eiligst sie den Ort,
Wo sie gesessen und verbargen sich.
Gott giebt dir nun, o Jüngling, was du wünschst,
Sprach flüsternd sie. Jedoch ich rate dir
Dich nicht zu zeigen, denn kein Menschenkind
Verschont er, wenn es ihm zuwider ist.
Ich will allein jetzt zu ihm geh'n und ihn
Zur Milde stimmen, wenn es möglich ist.

In seiner reichen Rüstung prangend stieg
Schon Taryel vom schwarzem Rosse ab,
Und wieder seufzten beide schmerzlich auf
Und fingen bitterlich zu weinen an,
So dass die lilienweissen Wangen bald
Rot wurden von des Thränenbades Glut.

Durch eine Öffnung schaute Awtandil
Hinaus und sieht wie sie ein Tigerfell
Ausbreitet auf dem Boden und wie dann
Der Jüngling stöhnend sich drauf niedersetzt,
Und weiter weint bedrückt von schwerem Leid.
Sie aber machte jetzt ein Feuer an
Und röstete am Spiesse ein Stück Fleisch.
Mit Mühe riss er einen Bissen ab
Und warf ihn wieder weg, denn wie es schien,
Gebrach es ihm an Kraft ihn zu zerkau'n.
Dann legte er sich nieder und schlief ein,
Jedoch nicht lange hielt der Schlaf ihn fest,
Denn plötzlich zuckte jedes Glied an ihm,
Er sprang schnell auf und wie ein Rasender
Schlug er sich vor die Brust und stöhnte laut.
Ihm gegenüber sass das Weib und sah
Mit bitterm Schmerze seinem Treiben zu.
Warum kehrst aus dem Schlafe Du zurück?
Versetzte sie. Was ist mit Dir gescheh'n?
Zur Antwort gab er ihr: Bedrängt hat mich
Ein König und mit ihm sein grosses Heer.
Auf einem weiten Felde jagte er
Mit einer ungeheuren Kriegerschar,
Die weit die Flur bedeckte rings umher.
Der Menschen Anblick traf mich wie ein Schwert
Und flammend schlug die Hassglut durch mein Herz.
Ich floh vor ihnen in den nächsten Wald,
Indem ich zu mir sagte: Hier will ich
Bis morgen bleiben und dann weiter zieh'n.

Das Weib fing heftig nun zu weinen an
Und sprach: Nur wilde Tiere leidest Du
In Deiner Nähe und kein Menschenkind
Lässt Du Dir nahe kommen, sei's auch nur
Auf einen kurzen, flüchtigen Augenblick.
Gar wenig nützest jener Du damit
Und nur umsonst Dein Leben Du zerstörst.
Durchwandert hast Du ja die ganze Welt,
Drum sag', wie fandst Du keinen Menschen, der
Dir lindern könnte Deiner Schmerzen Qual,
Und dessen Umgang Dir erfreulich war?
Zwar hat Dein Missmut einen tiefen Grund,
Doch denke, welche Schuld Du auf Dich ziehst,
Wenn Deinen Qualen Du erliegst und sie
Aus Schmerz und Gram um Dich dann sterben muss
O Schwester, hör mich an! erwidert er.
Das was Du sagst, ist Deines Herzens wert,
Doch keinen Balsam giebts für meinen Schmerz
Und keinen Menschen findst Du in der Welt,
Der meine Qual zu lindern fähig wär'.
Denn keinem zweiten Menschen gab der Herr
Ein Schicksal, das dem meinen ähnlich ist,
Und wer ertrüge wohl des andern Leid,
Wenn solches er nicht selbst erfahren hat?
Nein, Schwester, ausser Dir ist niemand da,
Der mit mir teilen könnte mein Geschick.

Ich bitte, höre mich geduldig an!
Gab sie zur Antwort ihm. Da Gott mich Dir
Zur Trösterin von allen ausersehn,

So darf ich Dir das nicht verheimlichen,
Was meiner Meinung nach das beste ist.
Zum Übel führt, was nicht im Masse bleibt
Und längst schon überschrittest Du das Mass.
Was sprichst Du denn? entgegnete er ihr.
Sprich klarer doch, damit ich Dich versteh'!
Da mir zum Trost Gott keinen Menschen schuf,
So hilft mir auch das längste Suchen nicht.
Gott wünscht mein Missgeschick. Er gab mir nur
Was ich verdient und daher bin ich auch
Verkommen und verwildert wie ein Tier.
Mag meine Rede Dir nicht lästig sein!
Begann von neuem sie. Und wenn ich Dir
Auffinde einen Menschen, welcher gern
In Deiner Nähe bleibt und dessen Geist
Und Herz Dir wohlgefällt, so schwöre mir,
Dass Du ihm keinen Groll entgegen bringst!

Wenn Du mir einen solchen zeigst, so wird
Sein Anblick meine grösste Freude sein,
Gab er zur Antwort ihr. Ich schwöre Dir
Laut bei der Liebe jener Herrlichen,
Um deren willen ich dem Wahnsinn nah'
Unstätt umher irr' durch die weite Welt,
Dass er von mir kein Leid erfahren soll
Und ich mit Freuden alles thuen will,
Was seinem Herzen immer wohl gefällt.
Sie stand nun auf und holte Awtandil.
Er will Dich kennen lernen, sagte sie,
Ergriff ihn an der Hand und führte ihn,

Den vor Erwartung Strahlenden hinein
Zu Taryel. Als dieser jenen sah,
Erhob er sich. Zwei schönen Sonnen gleich
Erschienen sie in diesem Augenblick.
Selbst der Zypresse herrlich grader Wuchs
War nicht so schlank wie sie. Mit einem Wort,
Sie glichen einer Strahlengarbe, die
Von sieben Sternen auf einmal erglänzt.
Obgleich einander fremd noch, gaben sie
Sich dennoch gleich den ersten Freundeskuss,
Wobei der Zähne weisse Perlenreih'
Aufblitzte in der Lippen Rosenrot.
Hierauf umarmten sie einander und
Der Rührung Farbe trat ins Antlitz schon.
Sich rückwärts wendend nahm nun Taryel
Des Jünglings Hand und beide setzten sich
Von traurigen Gedanken übermannt.

Als Asmat beide sich betrüben sah,
Sprach sie zu ihnen dieses schöne Wort:
Kürzt nicht durch Trauer euer Leben ab
Und trübet eurer Tage Sonnenschein
Nicht mit dem Dunkel eures Missgeschicks!
Vom Unglück zwar gebeugt war Taryel,
Doch seine Rose war noch nicht verwelkt.
Er wandte sich zu Awtandil jetzt hin
Und sprach: Ich glühe ganz vor Ungeduld.
Erzähl' mir Dein Geheimnis, wer Du bist
Und wo das Land ist, das Du Heimat nennst!
Was mich betrifft, ich bin vom Tode selbst
Vergessen und verstossen, wie es scheint.

Hierauf erwiderte ihm Awtandil:
O Taryel, o Löwe Du und Held,
Der Du Dich mir bescheiden zeigst und sanft,
Ich bin Arabiens Sohn, in diesem Land
Sind meine Schlösser und mein trautes Heim.
An meinem Herzen nagt der Liebe Glut,
Ich lieb' die Tochter meines Herrn, die auch
Zugleich die Königin des Landes ist.
Obgleich Du mich nicht kennst, so wirst Du doch
Dich noch erinnern jener Tapferen,
Die Deine Hand ins Jenseits hat entsandt.
Wir sah'n Dich auf dem Felde ganz allein
Und überfielen Dich, denn schwer erzürnt
War unser König, weil Du antwortlos
Dich seines Dieners Einladung entzogst.
Er schickte seine Kriegerschar Dir nach,
Jedoch mit Blut war bald die Flur bedeckt,
Denn jedem, der es wagte Dir zu nah'n,
Zerschmettertest Du ohne Schwert das Haupt.
Der König selbst bestieg hierauf sein Ross
Und alle jagten wir Dir eiligst nach,
Doch wie ein Geist verschwandst Du ohne Spur.
Vergebens suchten wir Dich überall
Und das entfachte unsern Zorn noch mehr.
Ein schwerer Trübsinn überfiel hierauf
Den König unsern Herrn, denn launisch sind,
Wie Du wohl weisst, die Könige sehr oft.
In allen Ländern suchten wir nach Dir
Und schrieben eine grosse Karte voll
Mit unsrer Füsse Spuren, aber Du

Bliebst unsichtbar und niemand fanden wir,
Der jemals Dir ins Angesicht geschaut.
Da sandte die mich aus, mit der sich nicht
Die Sonne, noch der Mond vergleichen kann.
Sie sagte: Geh' und bring' mir Kunde her
Von jener Sonne, die entschwunden ist,
Und dann erfüll' ich Deines Herzens Wunsch.
Drei Jahre Zeit bewilligte sie mir,
Drei Jahre! Denk' und wundre Dich, dass ich
Ertragen habe solche lange Zeit
In bittrer Trennung von der Herrlichen
Und fern von ihres Anblicks Sonnenschein!
So lange sah ich keinen Menschen, der
Mir hätte Auskunft über Dich erteilt,
Doch da begegneten die Räuber mir,
Die Dich zu überfallen sich erkühnt
Und deren einen Du mit einem Hieb
Zu Boden warfst. Sie, deren Bruder schon
Dem letzten Atemzuge nahe war,
Sie zeigten Dich mir, als Du wie ein Pfeil
Dahin rittst auf der weiten öden Flur.

Sich sammelnd, sagte Taryel zu ihm:
Ja, ich erinnre mich an alles noch,
Obgleich es lange her, dass es gescheh'n.
Auf jener Jagd bemerkte ich auch Dich
Und jenen, der Dein Pflegevater ist.
Ich war betrübt und dachte nur an die,
Die mich in dieses Missgeschick gestürzt.
Was wolltet ihr von mir, der ich euch ja

Ganz fremd war? Ihr war't froh und voller Lust
Und ich beweinte meiner Tage Glück.
Ihr schicktet eure Diener aus nach mir,
Jedoch ich glaube, dass statt meiner, ihr
Nur jener Leichen habt zurück gebracht.
Ich sah mich um und als ich Deinen Herrn
Erblickte, kehrte Mitleid in mein Herz
Und schonend zog ich meinen Arm zurück,
Kein Wort verlierend flog ich wie ein Pfeil
Von ihm, denn wie beflügelt ist mein Ross
Und unvergleichlich seine Schnelligkeit.
In einem Augenblick verschwinde ich
Den Blicken derer, die mir lästig sind.
Als ich euch damals aus der Ferne sah,
Erwartete ich nicht den Überfall,
Den ihr ersonnen hattet gegen mich,
Doch als ich sah, was eure Absicht war,
Liess ich euch eure Kühnheit schwer bereu'n.
Jetzt sollst Du mir jedoch willkommen sein,
Denn Dich zu sehen ist mir angenehm,
Du pinienschlanker, sonnenschöner Held!
Gar viel hast Du gelitten unterwegs,
Doch schwer zu finden ist ein solcher Mensch,
Der ganz und gar verlassen wär' von Gott.

Hierauf gab Awtandil zur Antwort ihm:
Du, der Du selbst der Weisen Lobes wert,
Wie zollst Du mir denn ein so hohes Lob?
Der Sonne gleichst Du, die am Himmel scheint,
Denn selbst der langen Leiden schwere Last

5*

Hat nicht verunglimpft Deiner Schönheit Glanz.
Der heutige Tag verbindet mich mit Dir
Und macht mich die vergessen, deren Hand
Die schwerste Trauer in das Herz mir warf.
Mag auch ein Edelstein viel besser sein,
So zieh' das Glas ich dennoch ihm jetzt vor.
Ja, bis zum Tode will ich mit Dir sein.

O Freund, entgegnete ihm Taryel,
Zwar rührt mich Deines Herzens Freundschaftsglut,
Jedoch ich weiss nicht, wie ich sie verdient.
Wohl ist es fast Gesetz, dass mitleidsvoll
Stets der Verliebte dem Verliebten naht,
Doch sprich, wie kann ich trennen Dich von der,
Die Deines Herzens Auserwählte ist?
Du zogst aus Deiner Heimat fort um mich
Zu finden und erfüllst nur dann die Pflicht,
Wenn Du die Botschaft jener überbringst.
Gott half Dir mich zu finden und Du hast
Erreicht Dein Ziel mit grosser Wackerkeit,
Doch ich weiss nicht, ob ich imstande bin
Dir zu erzählen, was mich schwer bedrückt,
Denn leicht verzehrt mein Herz des Schmerzes Glut.
Hier schwieg er still, von Trauer übermannt
Und tief betroffen von dem Missgeschick,
Das Awtandil beschieden ward durch ihn,
Begann er dann zu Asmat hingewandt:
Seit jener Zeit bist immer Du mit mir
Und weisst, wie qualvoll die Erinnerung
An alles Ausgestandne für mich ist,

Jedoch der Anblick dieses Jünglinges
Plagt mein Gewissen und es wird mir schwer
Ihm zu versagen, was er wohl verdient.
Vergebens sucht der Mensch, was Gott entzieht,
Deswegen leidet auch mein Herz so sehr.
Verloren habe ich des Glückes Pfad
Und nichts blieb mir als diese harte Streu'.
Doch Gottes Gnade ist unendlich gross
Und dadurch, dass ich ihn gefunden hab',
Lässt er sie mir nun zweifach angedeih'n,
Denn ich vereinige zwei Liebende
Und find' vielleicht in diesem Trost die Kraft
Zu widerstehen der Verzweifelung.

Zu Awtandil versetzte er: Der Mensch,
Der sich verbrüdert hat mit seinem Freund,
Darf ihm zu Liebe selbst den Tod nicht scheu'n.
Drum höre zu! Ich teil' Dir alles mit,
Und sei auch noch so gross des Schmerzes Qual.
Zu Asmat sagte er: Bring' Wasser her,
Setz' Dich zu mir und wenn die Ohnmacht mich
Bei diesem Schmerzenswerke überfällt,
Erfrisch' mit Wasser meine glüh'nde Brust!
Wenn mich jedoch dabei der Tod ereilt,
Dann grabe mir mit Klagen hier ein Grab
Und bette mich zur ewigen Ruhe ein!
Dann schlug er, wie es Trauernde stets thun,
Den Latz des Hemdes auf die Brust zurück.
Die Hände auf die Kniee stützend sass
Er da wie eine Sonne, die verhüllt

Von Wolken ist und konnte lange nicht
Die Lippen öffnen. Plötzlich aber fing
Er schwer zu seufzen und zu stöhnen an,
Und heisse Thränen perlten auf die Brust.
O Vielgeliebte, rief er schmerzlich aus,
O Teure, die Du mir entrissen bist,
Wer hat Dich mir, Du Paradiesesbaum,
Du pappelschlanke Herrliche gefällt?

Taryel erzählt Awtandil seine Geschichte.

Gieb acht und leihe ganz mir Deinen Geist,
Folg' aufmerksam mir in Gedanken nach!
Du siehst, wie jedes einzige Wort mich schmerzt.
Von jener, die zum Wahnsinn mich gebracht,
Durch die ich leide, wie kein Mensch je litt,
Von ihr erwart' ich keine Freude mehr.
Bekannt ist Dir, dass es in Indien
Der grossen Königreiche sieben giebt,
Von diesen waren sechs dem Farsadan,
Dem weit berühmten Herrscher unterthan.
Freigebig, reich und leutselig war er,
An Kraft dem Löwen gleich und sonnenschön,
Und in der Schlacht ein kampfeskundiger Held.
Mein Vater Saridan, der Tapfre, war
Der siebente von jenen Königen.
Ihm lag der Schutz der Landesgrenzen ob
Und gross war seine Unerschrockenheit.
Ihn zu beleidigen erkühnte sich
Kein einziger, sei's offen, sei's durch List.

So lebte er begünstigt vom Geschick,
Nur den Vergnügungen, die ihm die Jagd
In seinen Länderei'n bereitete.
Satt seiner Einsamkeit und übermannt
Von Langerweile und von Überdruss,
Begann er eines Tages zu sich selbst:
Sei's auch, dass ich die Feinde niederwarf,
Ganz sicher bin auf meiner Väter Thron
Und mir es nicht an Lust und Freude fehlt,
Will dennoch ich verzichten auf mein Reich
Und treulich dienen unserm Farsadan.
Er schickte einen Boten hin zu ihm
Und liess ihm sagen: Grosser Farsadan,
Der Du der Herrscher von ganz Indien bist,
Nimm mich auch unter Deinen mächtigen Schutz!
Lass mich empfinden Deines Herzens Kraft
Und Dir als Diener untertbänig sein!

Erfreut gab Farsadan zur Antwort ihm:
Ich danke Gott, dass Du, o Saridan,
Der Du, wie ich in Indien König bist,
Dich dennoch freiwillig mir unterstellst.
Komm her zu mir und ich empfange Dich
Mit allen Ehren, eines Bruders wert.
Er schenkte ihm ein ganzes Königreich
Und machte ihn zu seinem Amirbar,
Zum Oberfeldherrn in ganz Indien.
Obgleich er nun kein Landesherr mehr war,
War dennoch seine Macht fast unbeschränkt
Und nur des Königs Titel fehlte ihm.

So wie mit einem ebenbürtigen Freund
Ging Farsadan mit meinem Vater um
Und sagte oft, dass nirgends in der Welt
Ein Amirbar wie er zu finden wär'.
Er freute sich der Jagd und führte Krieg
Und machte sich ergeben jeden Feind.
Ich gleiche ihm so wenig, wie auch mir
Kein einziger Mensch auf dieser Erde gleicht.
Der grosse König hatte keinen Sohn
Und deshalb grämte er sich oft und auch
Mit ihm die sonnenschöne Königin,
Ja, oftmals murrte deshalb selbst das Heer.

Verwünscht sei jener Tag, an welchem ich
Als Sohn des Amirbars geboren ward!
Der König nahm an Kindesstatt mich an,
Weil ich wie er von königlichem Blut.
Erzogen wurde ich wie es gebührt
Dem, der zum Landesherrscher auserseh'n.
Die Weisesten der Weisen lehrten mich
Die Kunst des Herrschens und der Kriegsführung.
Folg' meinem Wort, o Asmat und wenn ich
Mich irre, so verbessre mich sofort!
Als ich fünf Jahre alt war, war ich schön
Wie eine Rose, die frisch aufgeblüht,
Und solche Körperkraft war mir verlieh'n,
Dass mir der Löwenkampf ein Leichtes schien.
Von nun an wich der Gram von Farsadan
Und ganz vergass er, dass er kinderlos.
Bezeugen kannst Du es, o Asmat, wie

Ich mich seit jener Zeit verändert hab!
So wie der Morgen schöner als die Nacht,
War ich auch schöner als die Sonne ist.
Die, die mich sahen, sagten alle stets:
Er gleicht den Wesen aus dem Paradies!
Doch jetzt, o Freund, bin ich ein Schatten nur
Von dem, was damals ich gewesen bin.
Fünf Jahre, ja, fünf Jahre war ich alt,
Als Farsadans Gemahlin niederkam.
Bei diesem Worte seufzte Taryel schwer
Und sagte: Sie gebar ein Töchterlein.

Dann übermannte ihn des Schmerzes Wucht,
Doch schnell benetzte Asmat seine Brust
Mit frischem Wasser und dann fuhr er fort:
Zahlreiche Boten wurden ausgesandt
Um zu verkünden in ganz Indien
Des schönen Königtöchterleins Geburt.
Die Sonne freute sich und auch der Mond,
Der Himmel glänzte auf im heitern Licht,
Ein jedes Wesen freute sich mit Stolz.
Mit Worten auszudrücken ist es schwer,
Wie gross die Freude unsres Königs war,
Jedoch noch schwieriger die Schilderung,
Der vielen Festlichkeiten, die er gab.
Beladen mit Geschenken kamen bald
Die Könige von allen Seiten her,
Ein jeder einzelne ward reich beschenkt
Und viele Tage nach einander scholl
Musik und froher Sang im Königsschloss.

Sie wuchs heran, schön wie ein Sonnenstrahl.
Die königlichen Eltern liebten uns,
Mich und die Tochter ohne Unterschied.
Jetzt will ich sie bei Namen nennen, sie
Die mir mit Schmerzensglut das Herz erfüllt.

Von neuem die Besinnung er verlor,
Als auszusprechen er sich unterfing
Den teuren Namen jener Herrlichen.
Auch Awtandil erregte tief sein Schmerz
Und Thränen traten in die Augen ihm.
Mit Wasser kühlte Asmat seine Brust
Und wieder zu sich kommend fuhr er fort:
Hör' zu! Mein Todestag scheint nah' zu sein.
Ihr Name, Freund, ist Nestan Daredschan!
Mit sieben Jahren war sie schon gesetzt
Und klug, wie selten nur ein Kind es ist.
Wie kann ein Herz und wär' es selbst von Stein
Von ihr sich trennen ohne bittern Schmerz?
Als sie in diesem zarten Alter stand,
Ward ich vom Könige zurück geschickt
In meines Vaters Haus und hier pflog ich
Der frohen Ritterspiele und der Jagd.
Der König liess für seine Tochter jetzt
Ein Schloss erbau'n vom härtesten Gestein,
Das reich geschmückt mit goldnem Zierat war.
Das Schloss umgab ein Garten, wunderschön,
In welchem mitten in dem dichten Grün
Ein Springbrunnen von Rosenwasser floss,
Bestimmt zum Baden für die Herrliche,

Bei Tag und Nacht stieg Weihrauch in die Luft,
Obgleich sie süss schon war vom Blumenduft.
Tags hütete die Schöne ihr Gemach,
Doch gegen Abend, wenn die Sonne sank,
Ging wandeln sie hinunter in den Hain.
Des Königs Schwester, welche Dawar hiess
Und schon verwitwet war, erzog sie jetzt
Und lehrte sie Gesittung schönster Art
Und hohe Weisheit ihrem Stand gemäss.
Die Wände der Gemächer waren reich
Mit Goldstoffen vom höchsten Wert geschmückt.
Sich ihr zu nah'n war allen untersagt
Und so wuchs sie von allen Blicken fern
Und nahm mit jedem Tag an Schönheit zu.
Drei Dienerinnen weilten stets bei ihr,
Hier diese Asmat und zwei andere,
Mit denen gern sie sass bei Nardispiel.

Ich selbst war damals fünfzehn Jahre alt.
Wie seinen Sohn erzog der König mich,
Ich musste stets in seiner Nähe sein
Und hatte oftmals kaum zum Schlafen Zeit.
An Körperkraft war ich dem Löwen gleich
Und erntete von allen Lob und Ruhm,
Denn in der Rennbahn so wie auf der Jagd
Mich kaum ein andrer Ritter übertraf.
Wenn ich des Kampfspiels und des Jagens satt
Ins Schloss zurücke kam, da zechte ich
Gar oft in lustiger Gesellen Kreis,
Denn nie der Frohsinn damals mich verliess,

Wie jetzt die Trauer immer mit mir ist.
Mein Vater starb. Mit seinem Tode schwand
Auf immer unsers Königs Fröhlichkeit,
Doch jene, die vor seinem Arm gebebt,
Sie freuten sich und nur der Treuen Schar
Beweinte ihn und rief verzweifelt aus:
Jetzt hat der Hass der Feinde freien Lauf!
Ununterbrochen sass ein ganzes Jahr
Ich in der finstern Trauerkammer da
Und weinte einsam, jedes Trostes bar
Um meines vielgeliebten Vaters Tod.
Da kam ein Bote Farsadans zu mir
Und überbrachte mir sein Königswort:
Hör' auf zu trauern, Taryel, mein Sohn!
Auch mich betrübt des Herrlichen Verlust,
Der meiner Freunde allerbester war.
Leg' nun die schwarzen Trauerkleider ab,
Nimm andere Gewänder zum Geschenk
Und sei von heute ab mein Amirbar,
Wie es Dein Vater sehnlich stets gewünscht!
Ein bittres Leid erfüllte da mein Herz
Und noch betrübter ward ich als zuvor,
Als ich die Trauerkammer nun verliess,
Von den Gesandten Farsadans geführt.
Entgegen kam er und die Königin.
Sie jubelten, als sie mich wiedersah'n
Und küssten mich wie ihren eignen Sohn.
Dann setzten sie mich freundlich, liebevoll
Wie ihres gleichen, neben ihren Thron
Und wünschten mir zur neuen Würde Glück.

Ich zauderte, denn allzu schwer schien mir
Zu wiederholen meines Vaters Werk,
Jedoch sie redeten mir herzlich zu
Und mich verneigend nahm ich diese Würde an.

O diese lügnerische, falsche Welt
Bringt unaufhörlich Böses nur hervor
Und was sie nur berührt, das wird erfüllt
Auf lange Zeiten mit des Bösen Gift.

Taryel erzählt die Geschichte seiner Liebe.

Dem Schmerz ergeben sass er schweigend da,
Dann fasste er sich wieder und begann:
Einst kam ich mit dem Könige von der Jagd,
Da sagte er: Komm ich will Nestan seh'n,
Nahm mich dann an der Hand und führte mich
In einen Garten, dem an Schönheitspracht
Der schönste Lustort dieser Welt nicht gleicht.
Mein Ohr ergötzte froher Vogelsang
Und herrlich war das, was mein Auge sah.
Im Grün der Blütenbäume sprudelten
Fontänen duftiges Rosenwasser aus
Und um das Schloss herum stand wie ein Kranz
Ein Kreis von Bäumen wie Smaragd so grün.
Der König stieg am Thor vom Pferde ab
Und führte mich hinein. Mit Goldstoff war
Behangen jede Wand und jede Thür.
O Herz, wie hieltst Du jenen Schwertstich aus
Der damals in Dich drang mit solcher Wucht?

Such' von den Vögeln, die Du heut' erlegt,
Die schönsten aus! trug mir der König auf.
Ich that, was er befahl und folgte ihm
Von Glut erregt wie in ein Feuerbad.
Gekommen war für mich der Liebe Zeit,
Jedoch nun zu durchbohren so ein Herz
Von Erz, wie meins ist, musste auch das Schwert
So hart sein wie ein edler Diamant.
Ich wusste, dass es Farsadan missfiel,
Wenn jemand seine schöne Tochter sah
Und blieb deswegen an der Thür zurück,
Als durch den Vorhang er ins Zimmer trat.
Ich sah sie nicht, doch hörte ich den Klang
Der Stimme, als sie mit dem Vater sprach.
Da gab der König Asmat den Befehl
Die Vögel schnell zu bringen, die ich selbst
Für Nestan zum Geschenke ausgewählt.
Sie kam zu mir heraus und hob dabei
Den schweren Vorhang auf, sodass mein Blick
Das Angesicht der schönen Nestan traf.
Und wie ein Blitz fuhr ihrer Reize Strahl
Mit seiner ganzen Glut mir in das Herz.
Ich überreichte Asmat wie im Traum
Die Vögel, die ich auf der Jagd erlegt.
O wehe mir, seit jenem Tage zehrt
An meinem Herzen dieser Liebe Glut.
Entschwunden ist das herrlich schöne Licht,
Vor dem das Licht der Sonne selbst erblasst!
Noch mehr zu sagen fehlte ihm die Kraft,
Er seufzte nur und sank bewusstlos um.

Vor tiefer Rührung weinte Awtandil
Und Asmat auch und beide riefen aus:
O weh, erschlafft ist nun sein starker Arm,
Der Arm, der selbst der Helden Schrecken war!
Allmählich nur kam wieder er zu sich,
Doch lange schwieg er noch, denn wie gelähmt
War seine Zunge von dem bittern Schmerz.
Er seufzte tief und seiner Thränen Strom
Floss hin zu seinen Füssen in den Staub.

O welche Qual! rief er dann plötzlich aus,
Wie schmerzlich ist des Glücks Erinnerung!
Die Eitlen leben in den Tag hinein
Von dieser Welt Almosen, aber nie
Bleibt bis zum Ende ihnen treu das Glück.
Lob sei den Weisen, die mit edlem Stolz
Bekämpfen die Verlockungen der Welt!
Hör' jetzt die weitere Erzählung an!
Die Vögel nahm mir Asmat aus der Hand;
Daran erinnr' ich mich, jedoch hierauf
Verlor ich alle Seelenkraft und fiel
Sofort bewusstlos auf den Boden hin.
Als ich nach einer Weile zu mir kam,
Drang lautes Weheklagen an mein Ohr
Und viele Frauen standen um mich her.
Ich lag in einem Saale, der sehr gross
Und reich geschmückt mit allem Zierat war.
Der gute König und die Königin
Beweinten mich und ritzten sich vor Schmerz
Und Gram die Wangen auf. Sie meinten, dass

Ein böser Geist in mich gefahren sei
Und holten schnell die Zauberer herbei.

O Sohn, mein lieber Sohn, Du lebst, Du lebst!
Rief Farsadan vor Freude bebend aus,
Als ich die Augen wieder öffnete.
Lass hören doch ein einziges Wort, o Sohn!
Ich konnte nichts erwidern, denn ich war
Der Sinne fast beraubt und bald darauf
Fiel wieder in die Ohnmacht ich zurück.
Die Ärzte wichen keinen Augenblick
Von mir und lasen laut ein heiliges Buch.
Sie alle meinten, dass ein böser Geist
In mich gefahren sei. Sie schwatzten viel,
Doch ich verstand kein einziges Wort davon.
Drei Tage lag ich so besinnungslos
Sorgfältig von den Ärzten überwacht.
Da kamen alle endlich überein,
Dass keine Arzenei mich heilen kann
Weil nicht mein Körper krank sei, sondern nur
Ein schwerer Gram bedrücke mein Gemüt.
Mitunter sprang vom Lager ich empor
Und fantasierte wie ein Rasender.
Als mich die Königin so leiden sah,
Verging sie fast vor Gram und Herzeleid.
Erst nach drei Tagen fand ich Linderung,
Und als mir die Besinnung wieder kam,
Erkannte ich sofort des Übels Grund
Und sprach zu Gott im inbrünst'gen Gebet:
O Herr, verlass mich nicht und hör' mich an,

Verleihe meinem Körper etwas Kraft,
Damit ich dieses Haus verlassen kann,
Denn hier verrät mich leicht mein eignes Wort
Der Herr erhörte mich, gab mir die Kraft
Und linderte mein schweres Herzeleid.
Ich liess mich tragen in mein Vaterhaus,
Jedoch der König pflegte mein auch hier
Und fragte stündlich fast durch Boten nach,
Ob ich schon nahe der Genesung sei.
Als er erfuhr, dass ohne Hilfe ich
Schon aufsteh'n könne von dem Krankenbett,
Kam er und mit ihm auch die Königin
Sofort zu mir geeilt und hoch erfreut
Gebot er Schweigen allen und sprach laut
Ein Dankgebet. Sie setzten sich zu mir
Und gaben mir zur Stärkung einen Trank.
O Herr, versetzte ich, jetzt ist mein Herz
Erleichtert und das Übel ist dahin.
Um mich zu freu'n am schönen Bild der Flur
Ritt ich hinaus dann mit dem Könige
Bis an den Fluss, jedoch zurückgekehrt
Empfand ich neuen Schmerz und neues Leid
Und von Verzweiflung überwunden, war
Zum Sterben ich bereit, denn mein Geschick
Schien mir des Todes wahrlich wert zu sein.
Geworden war mein Antlitz safrangelb
Und tausend Dolche ritzten mir das Herz.

Als ich so litt, trat in mein Schlafgemach
Mein Thürsteher und rief zu sich hinaus

Den Diener, welcher eben bei mir stand.
Verwundert schaute ich ihm nach, doch bald
Kam er zurück und gab mir einen Brief,
Den Asmats Dienerin für mich gebracht.
Ich war erstaunt, denn unerwartet kam
Mir dieses Glück, an dass ich nie gedacht
In meiner trüben Hoffnungslosigkeit.
Mich überraschte ihres Herzens Glut,
Jedoch noch mehr die kühne Offenheit,
Mit der sie ihre Liebe mir gestand.
Giebst Du ihr keine Antwort dachte ich,
Verletzest Du das Herz der Herrlichen
Und sie giebt alle Hoffnung auf Dich auf.
Deshalb schrieb ich ihr einen Antwortsbrief,
Der ihrem, ganz dem Inhalt nach entsprach.
Die Zeit verging, doch meine Krankheit nahm
Mit jedem Tage nur an Schwere zu,
So, dass ich fern von jedem Ritterspiel
Und allen andern Jugendfreuden blieb.
Das Königsschloss besuchte ich nicht mehr.
Die Ärzte kamen stündlich fast zu mir,
Jedoch sie linderten mein Übel nicht,
Denn niemand wusste, was für eine Glut
In mir so lähmte alle Lebenskraft.
Sie meinten, mich beängstige das Blut
Und da der König ihrer Ansicht war,
Befahl er ihnen einen Aderlass.
Um zu verbergen meinen wahren Schmerz
Ging ohne Widerstand ich darauf ein.
Als sie die Ader mir geöffnet schon

Und ich betrübt im Schlafgemache sass,
Kam Asmats Dienerin mit einem Brief.
Warum besuchst Du mich denn nicht? schrieb sie
Ja, es ist Zeit erwiderte ich ihr.
Wenn Du Dich wunderst, hast Du wahrlich Recht.
Ich komme, aber denke nicht, dass ich
Bisher aus Trägheit nicht gekommen sei.
Im Stillen sagte ich jedoch zu mir:
Wie unterliegst Du dieser Liebe Wucht,
Du, der Du doch der erste Feldherr bist
Und dem ja alle Indier unterthan!
Wenn Deine Schwäche sie erfahren, wird
Von ihnen sie vergrössert tausendmal.
Dein Ansehen verschwindet ganz und gar
Und sie verweigern den Gehorsam Dir.

Des Königs Diener kam und fragte mich
In dessen Namen, ob mir besser sei.
Ich sagte ja! und setzte noch hinzu:
Sofort erscheine ich vor meinem Herrn,
Denn sehnsuchtsvoll verlangt mein Herz nach ihm.
Ich ging ins Schloss und freundlich sagte er:
Mehr schonen musst Du Dich, mein teurer Sohn!
Dann stiegen beide wir zu Ross, jedoch
Um frei zu sein von jeder Last,
Liess meinen Köcher diesmal ich zurück.
Im Felde liessen wir die Falken los
Und jagten Schrecken ein dem Vogelvolk.
Dann schauten wir dem Scheibenschiessen zu,
Das stattfand unter lautem Beifallsruf.

Zu Hause angekommen setzten wir
Uns zum Gelage hin und sangen froh,
Begleitet von der Harfen schönem Spiel.
Der König war vergnügt und zum Geschenk
Gab jedem, der in seiner Nähe war,
Er Edelsteine von dem höchsten Wert.
Ich suchte zu verbergen meinen Gram,
Jedoch vergeblich mühte ich mich ab,
Denn unaufhörlich war ihr Bild vor mir,
An sie nur dachte ich und heisser noch
Durchwallte mich die kaum gedämpfte Glut.
Um mich des Königs Blicken zu entzieh'n,
Erhob ich mich und lud die andern ein
Mit mir zu kommen in mein eignes Haus.
Als zechend wir dort sassen, nahte mir
Ein Diener und sprach flüsternd mir ins Ohr:
Mein Amirbar, zu sehen Dich verlangt
Ein Weib mit dicht verschleiertem Gesicht.
Ich liess sie führen in mein Schlafgemach,
Doch als ich aufstand, um ihr nachzugeh'n,
Erhoben sich sofort die Gäste auch.
Lasst Euch nicht stören! Bald komm' ich zurück
Beruhigte ich sie, ging schnell hinaus.
Befahl dem Diener, welcher bei mir war,
Gut zu bewachen des Gemaches Thür
Und mich mit Kühle waffnend trat ich ein.

Das Weib verneigte sich vor mir und sprach:
O zehnmal glücklich ist der heutige Tag,
Da Dich, o Held zu sehen, mir vergönnt!

Was ist das? dachte ich bei mir erstaunt,
Wer sah denn jemals ein verliebtes Weib
Sich vor dem Manne so erniedrigen?
Gewiss ist ihr noch fremd der Liebe Kunst,
Sonst sässe sie nicht so verlegen da!
Ich glühe ganz vor Scham, begann sie dann,
Nicht ohne Grund denkst Du vielleicht, dass mich
Ein unzücht'ges Verlangen hergeführt.
Jedoch ich hoffe, dass Du mit Geduld
Mich anhörst, denn sonst müsste ich gar schwer
Bereuen und beklagen meinen Schritt.
Hierauf erbob sie sich und sprach:
Die, die nach Dir in Sehnsucht fast vergeht,
Hat mich zu Dir geschickt, drum schreibe nicht
Mir selbst zu, was von meiner Herrin kommt!
Sie flösste mir auch diese Kühnheit ein.
Lies diesen Brief, er zeigt Dir, wessen Herz
Für Dich in jungfräulicher Liebe glüht!

Nestan Daredschans erster Brief an ihren Geliebten.

Ich nahm den Brief, geschrieben von der Hand
Der Herrlichen, für die mein Herz so glüht.
Sie schrieb: O Du mein Löwe, gräm' Dich nicht,
Ergieb Dich nicht dem Schmerz, denn ich bin Dein!
Gar sehr missfällt mir, dass so schwach Du bist.
Was ist die Liebe, die zur Ohnmacht führt?
Zeig' lieber der Geliebten Dich als Held.

Schau' doch, wie unsere Vasallen längst
Die Häupter kühn erheben und mit Trotz
Sich wiedersetzen unserm Machtgebot.
Schon längst war ich gewillt, Dir zu gesteh'n,
Dass ich Dir zugehör' mit ganzem Herz,
Jedoch es fehlte die Gelegenheit.
In meiner Sänfte sitzend sah ich Dich
Vor wenigen Tagen, wie Du niedersankst
Und Dir die Liebe die Besinnung nahm.
Ich weiss von allem, was mit Dir geschah.
Ja, hör mich an, befolge meinen Rat,
Zieh' aus, bekämpfe die Chatawier!
Zeig Dich als Held und lass das Trauern sein!
Entrissen habe ich Dich jetzt der Nacht
Und heller ist Dein Licht als Sonnenschein.

Taryels erster Brief an seine Geliebte.

Ich küsste ihren Brief und schrieb an sie:
O Herrliche, behüt' mich Gott der Herr,
Dass jemals Deine Liebe ich verlier'!
So gross ist meine Wonne, dass sie mir
Fast wie ein trügerischer Traum erscheint.

Zu Asmat hingewandt begann ich dann:
Mehr schreiben kann ich nicht: Teil ihr nur mit,
Dass ich, da mich ihr Lichtglanz nun bestrahlt
Und mir ihr Wort das Leben wiedergiebt,
Die Kraft auch hab' ein ganzer Mann zu sein.
Mag sie mich Lügen strafen, wenn ich nicht

Das alles ausführ', was sie von mir heischt.
Hierauf versetzte Asmat: Höre jetzt,
Was meine Herrin Dir noch sagen lässt:
Halt' unsre Liebe sorgfältig geheim,
Und wenn Du zu mir kommst, so stelle Dich,
Als wärst in meine Asmat Du verliebt!
Sehr wohl gefiel mir dieser kluge Rat
Und freudig hörte ich die Worte an,
Die mir von jener kamen, die die Nacht,
In der ich wandelte, zum Tag gemacht.
In goldner Schale bot ich zum Geschenk
Kostbare Edelsteine Asmat dar,
Jedoch sie nahm sich nur den schönsten Ring
Und sagte: Solchen Schmuckes hab ich viel.
Nur dies nehm' ich zum Andenken an Dich.
Dann stand sie auf und ging zurück ins Schloss.
So war mein Herz befreit von allem Gram,
Erloschen war die Glut, die mich gequält
Und froh ging ich zu meinen Gästen hin.
Wir zechten weiter wohlgemut und als
Sie mich verliessen dann in später Nacht,
Gab jedem ich ein kostbares Geschenk.

Taryels Brief an die Chatawier und die Absendung eines Boten.

Ich schickte einen Abgesandten aus
Mit einem Brief an die Chatawier,
In dem ich ihnen diese Warnung gab:

Von Gott hat Indiens König seine Macht.
Wer ihm ergeben ist, der wird belohnt,
Jedoch wer den Gehorsam ihm versagt,
Wird schwer bereuen seinen Übermut.
Mein König und auch ich, wir beide sind
Nun müde Eurer Widerspenstigkeit.
Sobald zu Euch gelangt ist dieser Brief,
Brecht ohne Zögern auf und kommt hierher,
Denn wenn ihr nicht kommt, kommen wir zu Euch,
Und zwar nicht heimlich, sondern kampfbereit.
Ich rate Euch, gehorcht schnell dem Befehl,
Damit ihr dann nichts zu bereuen habt.

Als abgesandt ich hatte diesen Brief,
Ward leichter mir ums Herz und wohlgemut
Gab ich mich dem Genuss der Ruhe hin.
Ja, gross war damals meines Schicksals Gunst,
Und was ich wünschte, wurde mir gewährt,
Doch jetzt bin ich der Sinne fast beraubt
Und selbst den Tieren nicht mehr angenehm.
Nach einem Ausflug in das Königsschloss
Sass eines Tages ich im Schlafgemach,
Las wohl zum zehnten Male ihren Brief
Und freute mich mit Ruhe meines Glücks,
Als Asmats Sklave plötzlich zu mir kam.
Sie schrieb: Die, deren Pfeile Dir das Herz
Verwundet haben, wünscht Dich bald zu seh'n.

Der Sehnsucht Fesseln wurden leichter mir,
Ich ging sofort mit meinem Diener hin,

Jedoch ganz sprachlos machte mich mein Glück.
Im Garten war kein einziger Mensch zu seh'n,
Erst an der Thür kam Asmat hochvergnügt
Und lächelnd mir entgegen mit dem Ruf:
Nicht wahr, zur rechten Zeit hab' ich den Dorn
Aus Deinem Herz gezogen? Geh' jetzt hin
Und schau' Dir Deine schöne Rose an,
Die schöne Rose, die kaum aufgeblüht!
Sie hob den schweren Vorhang nun zurück
Und vor mir sass die schlanke Herrliche
In einer bunten Sänfte, die gar reich
Mit Gold und Edelsteinen war geschmückt.
Sie schwieg und sagte mir kein einziges Wort,
Mir, dessen Ohr an ihrem Munde hing.
Von Zeit zu Zeit nur blickte sie mich an,
So freundlich wie man einen Freund anblickt.
Dann rief sie Asmat zu sich, sprach mit ihr
Und diese kam zu mir und flüsterte:
Jetzt gehe fort, zu sagen hat sie nichts!

Des Grames Glut umfing von neuem mich
Und halblaut lispelte ich vor mich hin:
O Schicksal, unlängst erst erfülltest Du
Mit Freude und mit Hoffnungen mein Herz
Und nimmst schon wieder ihren besten Teil;
Noch schwerer ist die Trennung jetzt für mich!
Bis in den Garten folgte Asmat mir
Und sprach: Betrüb' Dich nicht, dass Du von ihr
So scheiden musst. Schliess' zu des Grames Thür
Und mache die der Freude wieder auf!

Die jungfräuliche Scham ist es allein,
Die ihr vor Dir dies Schweigen auferlegt.
O Schwester, bat ich sie, von Dir allein,
Erwart' ich Heilung meiner wunden Brust.
O trenn' mich nicht von dieser Herrlichen,
Die mir des Himmels Gunst verliehen hat!
Lösch' meine Glut durch Nachrichten von ihr,
Komm' oft zu mir und bringe Briefe mit,
Verschweige nichts von dem, das Du erfährst.

Hierauf ritt weinend ich zurück und ging
Sofort ins Schlafgemach, jedoch der Gram,
Der mir die Ruhe nahm, hielt fern den Schlaf.
So war ich wieder meines Glücks beraubt
Und mit dem Glücke auch der Lebenslust.
Nach vielen Tagen des Erwartens kam
Der Bote aus Chatawien zurück.

Antwort des Königs von Chatawien auf Taryels Schreiben.

Er schrieb: Ich Ramas, der ich König bin
Von ganz Chatawien, bin sehr erstaunt,
Dass Du, o Taryel, mich zu Dir rufst,
Mich, dem so viele Völker unterthan.
Erkühne Dich nicht noch einmal dies zu thun!

Zusammenrufen liess ich schnell das Heer
Und bald erschien der Krieger grosse Schar,
Die zahlreich wie des Himmels Sterne war.

Von allen Seiten strömten sie herbei
Und überfluteten Gebirg und Thal.
Da hielt ich Heerschau ab und freute mich
An ihrer schönen Waffen hellem Glanz
Und jauchzte auf, als sie sich wohlgemut
Auf ihren schnellen Rossen tummelten.
Doch mitten in der Freude kam der Gram
Schon wieder über mich, denn weh that's mir,
Dass ich von Nestan meiner Herrlichen
Mich trennen sollte ohne Abschiedswort.
Ich ritt nach Hause und der Thränen Glut
Von neuem meinen Augen sich ergoss.
Noch ist das Glück mir ferne! rief ich aus.
Warum hab' ich die Rose denn berührt,
Da ich die schöne doch nicht pflücken kann?

Als ich so trauerte, da brachte mir
Mein Diener einen Brief von Asmats Hand,
Sie schrieb: Zu sehen wünscht dich sehnsüchtig
Die, die Dir über alles teuer ist.
Drum traure nicht und komme schnell zu ihr!
Vor hoher Freude pochte laut mein Herz
Und als der Abend kam, ging ich sogleich
Hier in den Garten und begegnete
Dort wieder Asmat wie beim ersten mal.
Komm Löwe, komm, Dein Mond erwartet Dich!
Sprach freundlich sie zu mir und lächelte.
Auf einer prächtigen Treppe führte sie
Mich in den Saal, wo würdevoll und hehr
In einem dunkelgrünen Prachtgewand

Die Antlitzschöne, Pappelschlanke sass.
Ich blieb am Rande ihres Teppichs steh'n,
Erloschen war die Glut in meiner Brust
Und heller Sonnenglanz umstrahlte mich.
Sich auf ein Kissen stützend sass sie da,
Ihr Antlitz wandte sie zur Seite hin
Und nur verstohlen blickte sie mich an.
Als sie nun winkte, legte Asmat schnell
Ein Kissen ganz in ihrer Nähe hin
Und lud mich liebevoll zum Setzen ein.
Beglückt liess ich mich nieder neben sie
Und pries mein Schicksal, dass ich jüngst verflucht.

Mein Schweigen hat Dich neulich sehr betrübt,
Begann sie jetzt. Es machte Dir Verdruss,
Dass ich Dich ohne Trostwort gehen liess,
Jedoch Bescheidenheit ist meine Pflicht.
Jawohl, bescheiden und zurückhaltend
Soll stets das Weib vor dem Geliebten sein,
Doch schlimmer noch als Unbescheidenheit
Ist ja des Liebesgrams Verheimlichung.
Wenn ich in Deinem Beisein lächelnd schwieg,
Erfuhr ich dann im Stillen bittres Leid
Und deshalb schickte Asmat ich zu Dir,
Um Dir die ganze Wahrheit zu gesteh'n:
Jetzt ist uns unsrer Herzen Drang bekannt,
Und dass ich Dein bin, schwör' ich feierlich.
In Staub verwandeln mag mich Gott, der Herr,
Mag ich den hellen Himmel nicht mehr seh'n,
Wenn ich nicht halte mein gegebnes Wort!

Zieh' aus und kämpf' mit den Chatawiern,
Vielleicht verlässt Dich Gott im Kampfe nicht
Und Du kehrst siegreich, ruhmbedeckt zurück.
Gar schwer wird sein mein Leben ohne Dich,
Drum überlass zum Troste mir Dein Herz
Und nimm das meinige zum Gegenpfand!

Ein Glück, wie das, mit dem Du mich beehrst,
Ward niemals einem Sterblichen zu Teil,
Erwiderte ich ihr. Fast kommt's mir vor,
Als wäre dieses Glück ein blosser Traum,
Jedoch bei Gott giebt's nichts Unmögliches.
Dein Licht hat nun mein trübes Herz erhellt
Und Dein bleib' ich, bis mich der Tod Dir raubt.
Beim heiligen Buche schwuren wir uns dann
Noch einmal ewige Treue und sie sprach:
Wenn je ich einen andern lieb gewinn,
Soll elend ich dafür zu Grunde geh'n!
Von heute ab will ich mir diesen Schwur
Getreulich wiederholen und nach ihm
Mich stets nur richten, was ich thun auch mag!

Beisammen blieben wir noch einige Zeit
Und Süssigkeiten essend sprachen wir
Einander heiter Trostesworte zu.
Hierauf verliess ich sie mit bittrem Weh
Und nahm den Abglanz ihres Bildes mit.
Die Trennung von der teuren Herrlichen
War damals schon ein schwerer Schlag für mich,
Doch ach, mit noch viel grössrer Last fiel sie

In spätern Tagen auf mein banges Herz.
Am nächsten Morgen sprang ich auf mein Ross,
Liess die Trompeten blasen weit umher
Und alle Glocken läuten in der Stadt.
Bald war zum Marsch bereit das ganze Heer,
Das alle Strassen überflutete.
An seine Spitze trat ich voller Mut
Und führte es hinweg ins Feindesland.
Bald lag schon Indiens Grenze hinter uns
Und uns entgegen kam mit Freundlichkeit
Ein Bote vom Chatawierkönige.
Er brachte mir Geschenke und begann:
Mein König Ramas bittet Dich, o Held,
Nicht zu vertilgen uns mit Weib und Kind!
Empfange unsern Schwur und schau uns an!
Am Halse tragen wir den Sklavenstrick.
Freiwillig kommen alle wir zu Dir
Und geben uns, o Herr, in Deine Hand
Und mit uns unsre Weiber, Kind und Vieh.
Verzeih' uns gnädig unsre schwere Schuld,
Die wir bereuen. Ja, erbarme Dich!
In Gottes Namen bitten wir darum.
Lass' auf dem Felde hier Dein Heer zurück,
Folg' uns mit einer kleinen Kriegerschar
Und unsre Habe liefern wir Dir aus!

Schnell fragte die Wesire ich um Rat,
Doch sie erwiderten: Du bist noch jung,
Daher hör' uns, die wir erfahren sind!
Schon einmal hatten wir Gelegenheit

Zu sehen, wie sie falsch und treulos sind.
Nimm Dich in acht, dass sie nicht meuchlerisch
Dich überfallen und wir dann mit Schmerz
Beweinen müssen Deinen frühen Tod!
Wir meinen, besser wäre es, das Heer
Folgt Dir in einiger Entfernung nach,
Doch so, dass es stets Kunde von Dir hat.
Du zieh' voraus mit einer tapfren Schar
Und forsche nach, ob aufrichtig ihr Wort.
Wenn nicht, so soll sie treffen unser Zorn!

Gar sehr gefiel mir der Wesire Rat,
Ich gab dem Boten der gekommen war,
An König Ramas folgenden Bescheid:
Erfahren habe ich nun Deinen Wunsch,
Das Leben ist Dir lieber als der Tod.
Uns hält die stärkste Mauer selbst nicht auf;
Trotzdem sei Deine Bitte Dir gewährt!
Ich lass' mein Heer zurück und komm zu Dir
Nur in Begleitung einer kleinen Schar.
Dreihundert Tapfere nahm ich nun mit
Und ging voraus. Das Heer zog unweit nach
Mit dem Befehl, im Falle der Gefahr
Zu mir zu stossen ohne Aufenthalt,
Drei Tagereisen weiter kam zu uns
Ein zweiter Bote von dem Könige.
Er schickte mir Gewänder zum Geschenk
Und liess mir sagen, dass er herzlich gern
Mich Held zu sehen wünsche und noch mehr
Der besten Gaben für mich ausgewählt.

Ich liess erwidern ihm, dass ich sehr gern
Erfüllen wolle seinen Herzenswunsch
Und ihn empfangen würde freundschaftlich
So wie ein Vater seinen Sohn empfängt.
Bei einem Walde machte ich dann Halt
Um auszuruhen. Da erschien bei uns
Ein neuer Bote von dem Könige.
Er brachte schöne Rosse zum Geschenk
Und sprach: Ja wahrlich hat mein König recht,
Dass er so sehnlich Dich zu sehen wünscht.
Er ist nicht weit und morgen in der Früh'
Wird er schon steh'n vor Deinem Angesicht.

Ich hielt den Boten und den Dienertross
Der ihn begleitete, bei mir zurück,
Liess Zelte schnell errichten und lud sie
Zum frohen Abendschmause bei mir ein.
Es ist doch wahr, dass nie verloren geht
Das Gute, das dem Nächsten man erzeigt.
Mit jenen Männern aus Chatawien
Kam einer heimlich in der Nacht zu mir
Und sprach: Der grössten Wohltaten hab' ich
Soviel erfahren von den Deinigen,
Dass ich sie nimmermehr vergelten kann.
Dir beizusteh'n ist meine heilige Pflicht,
Als Kind nahm mich Dein Vater zu sich auf
Und pflegte mich wie seinen eignen Sohn.
Ich hörte, dass ein schändlicher Verrat
Von jenen, gegen Dich bereitet wird
Und lief zu Dir, um Dich von der Gefahr

Zu warnen, denn gar schmerzlich wär's für mich,
Wenn Du, o junger, rosenwangiger Held
Umkommen solltest hier von Feindeshand.
Lass Dich nicht täuschen, denn verborgen steht
In einem Hinterhalt ein grosses Heer,
Und dann noch eins, das dreimal grösser ist.
Drum thu' für Deine Rettung, was Du kannst!
Der König kommt mit einem kleinen Tross
Um Dich zu locken in den Hinterhalt.
Empor wird steigen eine Rauchwolke
Und auf dies Zeichen werden Tausende
Von allen Seiten Dir entgegen zieh'n.

Ich dankte diesem Manne freundschaftlich
Und sagte: Bitte Gott, dass er mich schützt,
Denn wenn ich überlebe die Gefahr,
Sollst Du belohnt für Deine Treue sein.
Jetzt kehre zu den Deinigen zurück,
Damit sie nichts bemerken. Wenn ich je
Vergessen Deiner sollte, dann mag ich
Von Gott vergessen sein auf alle Zeit!
Niemandem sagte ich ein Wort davon,
Jedoch ich sandte Boten an das Heer
Und spornte es zur grössten Eile an.
Als schon der Morgen graute, schickte ich
Des Ramas Abgesandte wieder fort
Und liess ihm überbringen dieses Wort:
Ich gehe Dir entgegen, komm' auch Du!
Dann zog ich weiter einen halben Tag,
Doch ohne Furcht, trotz drohender Gefahr.

Wenn mir zu sterben heut' beschieden ist,
So kann ich meinem Schicksal nicht entgeh'n!
Sprach ich zu mir mit festem Gottvertrau'n.

Auf einem hohen Berge angelangt
Erblickte ich in weiter Ferne Staub
Und dachte mir: dort kommt schon Ramas, der
Dir Deinen Untergang bereiten will.
Jedoch mein scharfes Schwert wird seinen Kopf
Vom Rumpfe trennen, wie er es verdient!
Dann schaute stolz ich meine Krieger an
Und sprach zu ihnen: Brüder, jene dort,
Die wollen uns vernichten durch Verrat.
Lasst nicht erschlaffen Eurer Arme Kraft!
Ein jeder, der für seinen König stirbt, der geht
Zum ewigen Leben in den Himmel ein.
Rückt vor zum Kampf mit den Chatawiern!
Nicht müssig sollen unsre Schwerter ruh'n!

Die Waffen umzulegen ich befahl
Und führte mutig meine Kriegerschar
Dem Feind entgegen, der schon nahe war.
Als die Chatawier uns kampfbereit
Vor sich erblickten, schickten sie sofort
Gesandte her, die uns berichteten:
Euch zu verraten, liegt uns allen fern,
Jedoch an Eurem Anblick sich zu freu'n
Verlangt mit Sehnsucht eines jeden Herz.
Auch dieses Wort erwiderte ich schnell:
Ich weiss sehr gut, was ihr im Sinne habt,

Jedoch misslingen wird Euch Euer Plan.
Kommt her zum offnen Kampf, wie es sich ziemt.
Euch zu empfangen, bin ich längst bereit!
Nach dieser Antwort kam kein Bote mehr,
Bald aber stieg die Rauchwolke empor,
Die ihres Überfalles Zeichen war.

Von beiden Seiten brachen sie hervor
Aus ihrem Hinterhalte auf uns zu.
Schnell nahm ich meine Lanze und den Helm
Und stürzte auf sie los mit Ungestüm,
Jedoch sie standen unbeweglich da,
Denn zehnmal kleiner war ja meine Schar
Und flösste ihnen keinen Schrecken ein.
Sie meinten einen Rasenden zu seh'n,
Als ich mit einer Lanze in der Hand
Losstürmte auf die erste ihrer Reih'n.
Mit Kraft warf ich die Lanze auf den Feind,
Durchbohrte einen Reiter und sein Ross
Und griff, als sie zerbrach, nach meinem Schwert.
Gelobt sei der, der es geschmiedet hat!
So wie ein Habicht unter Rebhühnern
Schritt zwischen meinen Feinden ich umher
Und machte grimmig nieder Mann und Ross.
Von Leichen wuchs ein Hügel bald empor
Und zwei der Reihen waren ganz vertilgt.
Da stürzten plötzlich andre auf mich los
Und heisser noch entbrannte jetzt der Kampf,
Jedoch auch sie erlagen meinem Arm
Und stromweise floss rings umher das Blut.

Gar mancher fiel nach beiden Seiten hin,
Denn in zwei Teile trennte ihn mein Schwert.
Von Schreck erfüllt floh'n alle vor mir her
Und keiner wagte mir zu widersteh'n.
Am Abende erscholl ein Warnungsruf
Vom Berge her, wo ihre Wache stand.
Sucht Eure Rettung in der Flucht! schrie'n sie.
Des Himmels Zorn kommt wieder über uns,
Ein ungeheures Herr rückt auf uns zu,
Wir sind verloren, wenn wir nicht entflieh'n!
Es war mein Heer, das nachgezogen kam
In aller Eile, rastlos Tag und Nacht.
Schon nahte es uns mit Trompetenschall
Und überflutete Gebirg und Thal.
Beim Anblick dieser ungeheuren Macht
Kam Schrecken über die Chatawier
Und sie entflohen, aber eiligst zog
Ich ihnen nach und aus dem Sattel hob
Ich ihren König Ramas und nahm dann
Der Seinen viele in Gefangenschaft.
Inzwischen war die Nachhut angelangt
Und alle sprengten nun den Feinden nach,
Die vor uns flohen wie erschrecktes Wild.
Sie machten viele zu Gefangenen
Und andere, die gewacht die ganze Nacht,
Die fanden jetzt für ewige Zeiten Ruh'.
Selbst die Gefangenen, die unverletzt
Und heil noch waren, schrie'n wie Sterbende.
Um auszuruhen, stieg ich jetzt vom Ross
Und da bemerkte ich, dass meine Hand

Durch einen Säbelhieb verwundet war.
Frohlockend mich zu preisen, kamen dann
Von allen Seiten meine Krieger her.
Das Lob, das sie mir reichlich zollten, war
Für einen Menschen wahrlich gross genug.
Zahlreiche schrie'n mir aus der Ferne zu,
Die andern kamen nah' und küssten mich
Und Freudenthränen weinten alle, die
Mich einst erzogen hatten und gepflegt.
Nach Beute schickte ich die Krieger aus
Und reich beladen kehrten sie zurück.
So demütigte ich diejenigen,
Die schon beschlossen hatten meinen Tod.
Die Stadt und Festung übergaben sie
Mir ohne jeden weitern Kampf noch Sturm.

Zu Ramas, ihrem Könige, sagte ich:
Erfahren hab' ich Deine Hinterlist.
Jetzt stehst gefesselt Du, drum liefere,
Um zu besänftigen meines Königs Zorn,
Schnell Deine Festung meinem Heere aus!
Zur Antwort gab mir der Chatawierfürst:
Was Du befiehlst, das soll sofort gescheh'n!
Ich gab ihm einen seiner Heerführer
Und dieser ritt mit einem kleinen Tross
Schnell in die Burg und gab dort den Befehl
Dass die Besatzung ohne Zeitverlust
Vor mir erscheinen solle auf der Flur.
So übergaben sie mir ihre Burg
Und mussten ihre Kriegslust schwer bereu'n,

Denn all ihr Reichtum fiel in meine Hand.
Besetzen liess ich nun die feste Burg,
Empfing die Schlüssel aller Schatzkammern
Und stellte wieder Ruhe her im Land.
Habt keine Furcht! ich allen sagen liess,
Nicht brennen soll Euch meiner Sonne Schein
Und nicht verderben Eurer Mühe Frucht!
Als ich die Schatzkammern besichtigte,
Fand Schätze ich in solcher Menge vor,
Dass sie zu zählen mir unmöglich war.
In einer Kammer fand ich ein Gewand
Und auch ein Kopftuch wunderbarer Art.
Wer diese Sachen nur erblickte, ward
Von Gier erfasst, sie näher zu beschau'n.
Von was für Stoff sie waren und wie sie
Verfertigt worden, blieb mir unbekannt.
Ein Gotteswunder glaubte man zu seh'n,
Denn weder Teppichen noch anderm Stoff
Glich ihr Gewebe, das geschmiedet schien,
So ungewöhnlich stark und fest war es.
Für die, der meines Herzens Sehnsucht galt,
Bestimmt ich diese Sachen zum Geschenk.
Auch für den König nahm ich Schätze viel,
Die ich auf Esel und Kamele lud.
Und zu ihm sandte mit dem Freudenbrief.

Taryels Brief an den indischen König.

Ich schrieb ihm: Günstig ist das Schicksal Dir
Verraten hat mich Ramas und sein Heer,

Jedoch schwer haben sie dafür gebüsst.
Aus diesem Grunde kommt mein Brief so spät.
Gefangen ist der König und mit ihm
Noch viele andere, die ihm gedient,
Und reich an Schätzen kehre ich zurück.

Ich machte mir Chatawien unterthan
Und brach, nachdem die Ordnung hergestellt,
Nach Indien auf mit meiner Kriegerschar.
Die Beute, die ich mitnahm, war so gross,
Dass alle die Kamele, die ich fand,
Noch nicht genügten zu der Fortschaffung
Und ich noch eine Herde Zugvieh nahm.
Chatawiens König führte ich mit mir
Und als in Indien ich war angelangt,
Kam fröhlich mir entgegen Farsadan
Und pries laut meinen Sieg vor allem Volk.
Es hiesse, schmälern seines Lobes Wert,
Wenn ich Dir wiederholte, was er sprach.
Er nahm die Binde ab von meiner Hand
Und legte sie in eine weichere.
Auf einem grossen Platze liess er dann
Errichten schöne Zelte und begann
Ein Zechgelage bei der Harfen Spiel.
Mich setzte er an seine Seite hin
Und warf mir warme Wonneblicke zu.
Wir zechten jauchzend so die ganze Nacht
Und zogen erst am Morgen in die Stadt.
Hier liess der König aufstellen das Heer
Und wollte sehen die Gefangenen.

Ich führte ihm den König Ramas vor.
Wie einen Sohn er freundlich ihn empfing
Und ich pries ihn als gut und tugendhaft,
Trotz des Verrat's, den er mir angethan.
, Jawohl, des Helden höchste Zierde ist
· Die Grossmut, die er am Besiegten übt.
Mit Freundlichkeit lud Farsadan hierauf
Zum Male den gefangnen König ein
Und unterhielt sich leutselig mit ihm
In seiner Sprache, die er gut verstand.
Am nächsten Morgen rief er mich zu sich
Und fragte: Willst Du dem Chatawier,
Der Dich verraten hat, die Schuld verzeih'n?

Wie Gott den Sündern ihre Schuld vergiebt,
So üb' auch Du Barmherzigkeit an ihm,
Der jetzt ein hülfloser Gefangner ist!
Erwiderte ich unserm Farsadan.
Hör! wandte dieser sich zu Ramas hin,
Erlassen ist Dir Deine schwere Schuld,
Du kannst zurückzieh'n in Dein Heimatland,
Doch hüte Dich vor neuer Schuld und Schmach!

Tribut entrichten musste er an Gold
Ein Tausend Drachmen, tausend Stücke Stoff
Der besten Art und Atlas noch dazu.
Ihm aber und auch seiner Dienerschaft
Gab Farsadan der Feierkleider viel
Und so vergalt er ihm die Missethat
Mit grossen Wohlthaten und mit Freundlichkeit.

Sich tief verbeugend sagte Ramas dann:
Gott lässt mich schwer bereuen meine Schuld.
Wenn ich noch einmal sündige an Dir,
So nimm das Leben mir mit vollem Recht!
Hierauf entliess ihn freundlich Farsadan
Und mit ihm alle seine Dienerschaft.

Am Morgen kam vom Könige zu mir
Ein Mann und überbrachte mir sein Wort:
Drei Monate war ich von Dir getrennt
Und ass kein Wild von Deinem Pfeil erlegt.
Komm auf die Jagd, wenn Du nicht müde bist,
Obwohl Du Gründe hast zur Müdigkeit!
Ich nahm den Bogen und ging hin ins Schloss.
Von Jagdhunden war voll der ganze Hof
Und schmucke Falken flatterten umher.
Der König war zum Aufbruch schon bereit
Und schaute mich mit Wohlgefallen an.
Halb flüsternd sagte er zur Königin:
Schau, eines Helden Bild ist Taryel!
Wer ihn erblickt, der freut sich über ihn
Und wäre er auch noch so sehr betrübt.
Das, was im Stillen ich schon oft erwägt
Will ich auch Dir zu wissen geben jetzt.
Da unsre Tochter für den Thron bestimmt,
So mag ein jeder nun ihr Antlitz schau'n!
Setz' sie im Saal an Deine Seite hin,
Damit, wenn ich zurück komm' von der Jagd,
Ich Euch dort beide schon beisammen find'!

Auf Feld und Hügeln schweiften wir umher
Und machten reiche Beute, aber weit
Entfernten wir uns nicht und kehrten bald
Im langen Zuge in die Stadt zurück.
Auf allen Dächern drängte sich das Volk
Um mich zu seh'n und wahrlich prächtig stand
Mir, dem Erblassten von des Feldzugs Müh',
Der schwarze Rock. Viel Frauen, die mich sah'n,
Verloren die Besinnung fast vor Glut.
Das teure Stofftuch aus Chatawien
Trug zierlich ich gewunden um den Kopf,
Und dies erhöhte meine Schönheit noch.
Im Schlosse angekommen, führte mich
Der König in den Saal und dort sass sie,
Die Herrliche in ihrer Jugendpracht.
Sie trug ein pomeranzengelbes Kleid
Und hinter ihr, gleich einem bunten Kranz,
Stand ihrer schönen Dienerinnen Schar,
Jedoch die Hehre überstrahlte sie
So wie der Mond die Sterne überstrahlt.
In einer Binde trug ich meine Hand,
Denn meine Wunde war noch nicht geheilt.
Die Königin kam freudig auf mich zu,
Umarmte mich wie einen Sohn und sprach:
Jetzt steht es wirklich ohne Zweifel fest,
Dass Dich an Mut kein andrer übertrifft.

Sie setzte mich in ihrer Nähe hin,
Wo ich der Wonnen lieblichste genoss,
Denn gegenüber sass die Herrliche,

Der all mein Sehnen und Empfinden galt.
Verstohlen blickte ich sie schweigend an
Und sie auch warf mir stumme Blicke zu.
Mit Frühlingslicht bestrahlte mich ihr Blick
Und Nacht umgab mich, wenn er von mir schwand.
Hierauf begann ein Zechgelage, das an Glanz
Und Heiterkeit nie übertroffen ward.
Ein jedes Tichgefäss war reich verziert
Mit bunten Edelsteinen aller Art
Und keinen Ritter liess der König geh'n,
Denn alle sollten freuen sich mit ihm.
Mit Glück erfüllte sich ihr Liebesblick,
Jedoch der vielen Menschen Nähe zwang
Mich zu verbergen meines Herzens Drang.
O welche Erdenwonne gleicht denn der,
Die der geliebten Nähe uns gewährt?
Mit einem Mal verstummte die Musik,
Der König nickte froh mir zu und sprach:
O Taryel, mein lieber Sohn, wie soll ich Dir
Die Freude ausdrücken, die mir Dein Sieg
Und Deine Tapferkeit bereitet hat?
Mit Recht sind alle die von Stolz erfüllt,
Die Deinen Heldenthaten zugeschaut.
Ein prächtiges Ehrenkleid gebührt Dir heut',
Jedoch so schön steht Dir Dein schlichter Rock,
Dass ich, o Sohn, ihn Dir nicht nehmen will.
Die schönsten Stoffe, die mein Schatz enthält,
Nimm zum Geschenke hin und lass davon
Dir Kleider nähen, wie Du sie begehrst!

Dann setzte er sich nieder und die Lust
Und Freude wuchs mit jedem Augenblick
Und Lieder klangen zu der Lauten Spiel.
Als es schon dunkelte, erhoben sich
Die Frauen alle und verliessen uns.
Wir aber zechten fröhlich weiter bis
Die Müdigkeit uns aufzuhören zwang.
Betäubt fast ging ich in mein Schlafgemach
Und konnte nicht beschwicht'gen meine Glut.
Nur die Erinnerung an ihren Blick
Goss Balsam in mein Herz und lange sass
Ich von der Schönen träumend einsam da.
Da trat mein Diener ein und meldete:
Ein junges Weib im Schleier fragt nach Dir!
Fast hörbar fing mein Herz zu pochen an
Und freudig sprang ich auf, denn ich erriet,
Dass jene, die gekommen, Asmat war.
Mit wahrer Wonne blickte ich sie an,
Denn sie kam ja von Nestan-Daredschan,
Der all mein Sinnen und Empfinden galt.
Verneigen wollte sie sich demütig,
Jedoch ich wehrte ihr und küsste sie
Aufs teure Haupt, nahm sie dann an der Hand
Und führte sie zu meinem Sofa hin.
Erzähle mir von ihr, sonst weiter nichts!
Sprach ich zu ihr und sie begann sofort:
Die Wahrheit sag' ich, keine Schmeichelei.
Gar sehr gefällst Du ihr und deshalb schickt
Sie mich zu Dir, denn jedes Wort freut sie,
Das sie von Dir, o schöner Held, vernimmt.

Nestan Daredschans Brief an ihren Geliebten.

Dann gab sie mir den Brief der Herrlichen.
Sie schrieb: Gesehen hab' ich Dich, o Held
Und herzerquickend war Dein Anblick mir,
Denn trotz der Mühsal, die im Kampfe du
Ertragen hast, bist Du doch sonnenschön,
O nicht umsonst hab' ich soviel geweint.
Gieb mir das Kopftuch, das Du heute trugst,
Das Dir so gut zu Deiner Blässe stand!
Wie mich, wird es gewiss auch Dich erfreu'n,
Wenn Du mich siehst mit Deinem Tuch geschmückt.
Als kleine Gegengabe nimm dafür
Die goldne Spange, die Dir Asmat bringt,
Und wenn Du meinen Wunsch erfüllst, so soll
Der heut'ge Tag für Dich so glücklich sein
Wie keiner es bisher gewesen ist!

Bei diesen Worten seufzte Taryel
Und ganz vom Schmerze übermannt sprach er:
Das ist die Spange, die sie einstmals trug,
Die ihren herrlich schönen Arm geschmückt!
Er nahm sie ab vom Arm und zeigte sie,
Dann drückte er sie an die Lippen fest
Und sank besinnungslos zu Boden hin.
Gleich einem Toten lag er regungslos
Und Asmat lief laut jammernd schnell hinaus
Nach Wasser und benetzte seine Brust.
Auch Awtandil fing schwer zu stöhnen an,

Als er den Freund in Ohnmacht fallen sah.
Allmählig nur kam wieder er zu sich
Und rief erwacht: Wie? Leb' ich wirklich noch?
O, langsam bringt mein Missgeschick mich um!
Er richtete sich mühsam wieder auf,
Sein Blick war wirr und seine Wange blass
Und lange Zeit sprach er kein einziges Wort.
Hör zu! begann er dann zu Awtandil,
Dem Irrsinn bin ich allerdings schon nah',
Jedoch erzählen will und muss ich Dir
Das alles, was von jener ich erfuhr,
Die mir zuletzt das Grab gegraben hat.
Von ganzem Herzen wünsche ich, dass Du
Mit Deiner Teuren baldigst Dich vereinst
Und Deine Ruhe bei ihr wiederfindst!

Mit hoher Wonne sah ich Asmat an,
Die treu mir stets wie eine Schwester war.
Ich las den Brief und hierauf gab sie mir
Die schöne Spange, die ich heut noch trag',
Vom Kopfe nahm ich dann das schöne Tuch
Von teurem, wunderlich gewirktem Stoff
Und schickte es der Vielgeliebten hin.

Taryels Brief an seine Geliebte.

Ich schrieb ihr: O du Sonne, deren Glanz
Die finstern Nächte mir zu Tagen macht,
Verloren hatte ich den Lebensmut,
Jedoch Dein Anblick, Deiner Schönheit Licht

Hat aufgerichtet mein gesunknes Haupt,
Was soll ich Dir zum Gegenlohn verleih'n,
Dass Du mir meine Seele wiedergabst?
Gedenkst Du noch des Tages, da Du mich
Durch Deine Nähe von dem Schmerz geheilt?
Der heutige Tag ist jenem gleich an Glück.
Schon schmückt Dein liebes Armband meine Hand.
O wüsstest Du, wie es mir teuer ist!
Entgegen kommen sollte ich Dir längst
Und Deinen Wunsch erraten, denn das Tuch,
Das Du verlangst, ist wert Dein Schmuck zu sein.
O bleib mir treu und denke oft an mich,
Denn Du bist alles mir in dieser Welt!

Den Brief nahm Asmat und ging eiligst fort.
Ich legte mich dann nieder und schlief ein,
Jedoch im Schlafe fuhr ich plötzlich auf,
Denn mir erschien der Vielgeliebten Bild.
Erwacht rief ich beim teuren Namen sie
Und grämte mich, dass ich nicht bei ihr war.
So lag ich bis zum Morgen schlaflos da,
Als mich der König in das Schloss befahl.
An seiner Seite sass die Königin
Und heiter lächelnd luden sie mich ein
Vor ihnen Platz zu nehmen auf der Bank.
Dann sagte er: Wir sind dem Alter nah'
Und längst entfloh'n ist unsre Jugend schon.
Wir haben keinen Sohn, jedoch das schmerzt
Uns keineswegs, da uns die Tochter ja,
Die Herrliche, den Sohn ersetzen kann.

Nur fehlt uns für die Tochter ein Gemahl
Und einen solchen wünschen wir, damit
Er herrsche über unser grosses Reich.
Dann sterben wir nicht ohne Nachkommen
Und unsrer Feinde Arm verliert die Kraft.

Ein jeder weiss, erwiderte ich schnell,
Wie es uns schmerzt, dass keinen Sohn ihr habt,
Jedoch mit Hoffnungstrost erfüllt uns die,
Der jeder gern den Sohn giebt zum Gemahl.
Mehr weiss ich nicht und glaube, dass ihr selbst
Am besten wisset, was das Beste ist.
Dann gingen sie zu Rat. Mir brach das Herz,
Jedoch ich zeigte meine Trauer nicht
Und dachte bei mir selbst: Es schickt sich nicht,
Dass Du jetzt einlegst Deinen Widerspruch!
Nach einer Weile hub der König an:
Der beste ist der Prinz von Chorassan!
Es war leicht zu erkennen, dass sie dies
Schon längst beschlossen hatten im Voraus,
Denn zustimmend sah'n sie einander an
Und ohne Stocken ihre Rede floss.
Ich wagte nichts zu sagen, aber schwer
Bedrückte ihr Beschluss mein banges Herz.

Gar ruhmreich ist der Schah von Chorassan
Und seinem Sohne kommt kein andrer gleich!
Liess sich vernehmen auch die Königin.
Ich schwieg dazu, denn ihrem festen Wunsch
Hätt' ich vergebens doch nur widerstrebt.

Gekommen war mein erster Unglückstag!
Sie schickten Boten hin nach Chorassan
Und schrieben an den König folgendes:
Kein Thronerbe ward uns von Gott verlieh'n,
Nur eine Tochter haben wir, die jetzt
Schon mannbar ist. Drum, wenn Du Deinen Sohn
Ihr zum Gemahle geben willst, so fehlt
Uns auf der Erde nichts zum Glücke mehr.
Beschenkt mit reichen Gaben, kamen bald
Die Boten wieder und berichteten:
Der Schah von Chorassan ist sehr erfreut
Und lässt Euch sagen, dass sich nun erfüllt
Der heisse Wunsch, den er schon längst gehegt.
Dann wurden neue Boten ausgesandt
Um einzuholen schnell den Bräutigam.

Ermüdet kam vom Ballspiel ich zurück
Und ging bekümmert in mein Schlafgemach,
Als Asmats Sklave einen Brief mir gab.
Sie schrieb: Du Pappelschlanker säume nicht
Und komm' zu der, nach der Dein Herz verlangt.
Von Freude bebend, ging ich schnell zu ihr
Durchschritt den Garten und am Schlossthor sah
Ich Asmat mit verweinten Augen steh'n.
Ihr Anblick schmerzte mich, jedoch ich schwieg.
Auch sie war stumm und kam mir nicht wie sonst
Entgegen mit froh lächelndem Gesicht.
Anstatt des Balsams, der die Wunden heilt,
Fand ich nur Gift, das sie verschlimmerte.
Unschlüssig stand ich eine Weile da,

Jedoch sie spornte mich zur Eile an
Und führte mich ins Schloss, in jenen Saal,
In dem ich jüngst geschaut die Herrliche.
Als mich bestrahlte ihrer Schönheit Glanz,
Entschwand mit einem Mal die Trauer mir.
Im Dämmerlicht sass sie halb liegend da,
Schön nachlässig hing um ihr Haupt mein Tuch
Und ihre schlanke, üppige Gestalt
Umhüllte ein Gewand von grünem Stoff.
Wie eine Tigerin lag sie erzürnt
Auf ihrem Sofa. Unvergleichlich war
An Reizen sie in diesem Augenblick.
Ich setzte mich in ihre Nähe hin
Und harrte ungeduldig ihres Wort's.
Da stand sie ihre Stirne faltend auf
Und warf mir zornig diese Drohung zu:
Ich wundre mich, dass Du zu kommen wagst,
Du Treuloser, der Du den heiligen Schwur,
Den Du mir unlängst gabst, gebrochen hast.
Des Himmels Strafe komme über Dich!

Was sprichst Du denn? entgegnete ich ihr.
Was habe ich Dir Schlimmes denn gethan,
Sei es mit Vorsatz oder unbewusst?
Was soll ich Dir erwidern, Treuloser?
Gab sie zur Antwort mir. Ich glühe ganz
Vor Scham und Ärger, dass so schwach ich war
Zu trauen Deinem trügerischen Wort.
Es ist Dir also wohlbekannt, dass sie
Dem Chorassaner mich zum Weib bestimmt?

An den Beratschlagungen nahmst Du teil
Und gabst trotz Deines heiligen Treueschwurs
Zu dem Beschlusse Deine Zustimmung.
O gebe Gott, dass ich ein Mittel find'
Dir heimzuzahlen Deine Hinterlist!
Gedenkst Du noch, wie Du vor Glut vergingst,
Als Du zum ersten Male mich erblickt?
Mit Thränen machtest Du die Erde feucht
Und warst von Sinnen ganz vor Liebesgram.
O nichts kommt eurer Männerfalschheit gleich!
So wie Du mich verlässest, will auch ich
Dir nun entsagen und wir werden seh'n,
Wer dadurch schmerzlicher betroffen wird.
Nur ich allein hab' zu entscheiden, wer
In Indien das Zepter führen soll.
Ich bin hier Herrscherin und sonst kein Mensch.
Nein, Dein Verrat gelingt Dir nimmermehr,
Der Pfad der Lüge führt Dich nicht zum Ziel.
Wenn ich am Leben bleibe, darf Dein Fuss
Dies Land nicht mehr betreten, wenn Du nicht
Zu Grunde gehen willst durch meine Hand.
Ein Weib wie mich findst in der Welt Du nicht
Und reichte bis zum Himmel Deine Hand!

Bei diesen Worten unterbrach Taryel
Die qualvolle Erzählung, denn der Schmerz
Lag wie ein schwerer Stein auf seiner Brust.
Nach einer Weile fuhr er wieder fort:
Die Worte, die sie zornig zu mir sprach,
Erfüllten mich mit Hoffnung und mit Kraft

Sie ruhig und mit Fassung anzuschau'n.
Auf einem Kissen aufgeschlagen lag
Ein heiliges Buch. Ich nahm es in die Hand,
Bat Gott um Beistand und begann zu ihr:
O Du mein Lebenslicht, erbarme Dich
Und leih' mir einen Augenblick Dein Ohr!
Wenn das, was ich jetzt sage, unwahr ist,
So mag der Himmel strafen mich dafür,
Mag ich die Sonne nicht mehr schau'n!
Ja hör' mich an und sei mein Richter dann!
Ich bin mir keiner schlimmen That bewusst.

Die Augen niederschlagend sagte sie:
Sprich, sprich, erzähle alles, was Du weisst!
Des Himmels Strafe komme über mich,
Wenn ich den Schwur gebrochen! fuhr ich fort.
Sag', kann ein andres Antlitz wohl so hold
Und wonnebringend für mich sein wie Deins?
Giebt es denn in der weiten, grossen Welt
Ein Weib, das Dir an Reiz und Zauber gleicht?
Durchbohren soll mein Herz der schärfste Dolch,
Wenn jemals eine andre mir gefällt!
Ins Schloss beriefen Deine Eltern mich
Und fragten mich um Rat, jedoch sofort
Erkannte ich die List, denn längst schon warst
Bestimmt Du für den Prinz von Chorassan.
Daher nahm ich ihr Wort gelassen hin
Und stimmte scheinbar ihrer Meinung bei.
Ich sagte mir: Nichts nützt Dein Widerspruch,
Drum finde einen Pfad, der besser ist!

Nein, keinem andern überlass' ich Dich,
Wenn Du nicht selbst mir Deine Hand entziehst.
Ergrimmt und wütend war ich wie ein Tier
Und wollte aller Menschen Nähe flieh'n.
Nach diesen Worten legte sich ihr Zorn
Und ihre Strenge schlug in Sanftmut um.
Sie lächelte mich freundlich an und sprach:
Ich kann nicht glauben, dass Du fähig wärst
Dein Wort zu brechen, dass Du Gott, den Herrn
Den Du zum Zeugen riefst, verleugnen kannst.
Ja, fordre meine Hand und mit ihr auch
Den Thron von Indien, der Dir zugehört.

Mit Sanftmut neigte sie sich hin zu mir
Und war so liebevoll, wie nie zuvor.
Nicht eilen soll der Kluge! fuhr sie fort.
Wenn Du den Königssohn von Chorassan
Betreten lässest unser Land, so wird
Ein langer Krieg dann unvermeidlich sein,
Und möglich ist es auch, dass man mich zwingt
Als Gattin ihm zu reichen meine Hand,
Dass man uns trennt und ich mein Feierkleid
Zum schwarzen Trauerkleide machen muss.
Er wird hier froh geniessen seine Macht
Und uns wird peinigen der Trennung Schmerz.
O, teure Nestan! unterbrach ich sie,
Behüte Gott, dass er bei uns sich zeigt,
Denn schweres Unheil wäre dann sein Los!
Erfahren soll er meines Armes Kraft
Und der Vernichtung geb sein Heer ich preis.

Nicht unweiblich soll sein des Weibes Thun
Und milde soll der Rat sein, den sie giebt,
Erwiderte nun Nestan Daredschan.
Dass Du viel Blut vergiessest, will ich nicht,
Kein Unschuldiger komme um dabei!
Wenn jene kommen, töt' den Freier nur,
Jedoch sein Heer lass' abzieh'n unversehrt!
Gerechtigkeit hat solche Wunderkraft,
Dass dürre Bäume sie ergrünen macht.
Befolge meinen Rat, o, Löwe, Du,
Geh' ohne Krieger zu dem Freier hin,
Schleich heimlich in sein Zelt und töte ihn,
Den andern aber füg' kein Unrecht zu,
Schlacht' sie nicht ab, wie auf der Jagd das Wild,
Denn nichts ist schwerer als der Blutschuld Last.
Nach seinem Tode schick zum Könige,
Erkläre ihm, dass Du von Indien,
Da Du der rechtmässige Erbe bist,
Nicht eine Spanne Dir entreissen lässt,
Und eher es zur öden Wüste machst,
Als dass Du Deinem guten Recht entsagst.
Von meiner Liebe sprich jedoch kein Wort,
Da Du dann leichter Deinen Zweck erreichst,
Ihr Rat gefiel mir wohl und ich beschloss
Ihn zu befolgen ganz nach ihrem Sinn.
Als ich dann aufstand, hielt ein Blick von ihr
Mich sanft zurück und gerne hätte ich
In diesem Augenblicke sie umarmt,
Jedoch die Schüchternheit nahm mir den Mut.
Ich blieb noch eine Weile und betrübt

Wie nie vorher verliess ich sie hierauf.
Nur einen Grund zur Freude hatte ich
Und hunderte dafür zum schwersten Gram.

Bald wurde uns die Botschaft überbracht,
Dass jener Freier nicht mehr ferne sei,
Und zu uns zieh' mit einem grossen Heer.
Was seiner harrte, ahnte er wohl nicht.
Der König Farsadan war hoch erfreut,
Rief mich zu sich und sagte feierlich:
Ein Tag der Freude ist der heutige
Und prunkvoll soll der Tochter Hochzeit sein!
Lass öffnen alle unsre Schatzkammern,
Denn durch Geschenke will ich die erfreu'n,
Die meinem Hause treu ergeben sind.
Herbeischaffen liess ich der Schätze viel
Und bald erschien der Freier vor der Stadt.
Entgegen gingen ihm die unsrigen,
Der Hofbediensteten geschmückter Tross
Und eine grosse Heeresmacht, die sich
Wie eine Flut auf's weite Feld ergoss.

Schlag auf dem Felde schöne Zelte auf!
Befahl der König mir. Mag dort der Prinz
Ein wenig rasten! Ihm entgegen geh'
Der Ritter feierlich geschmückte Schar,
Doch Du empfang' ihn hier erst in der Stadt!
Ermüdet von den Vorbereitungen
Ritt ich nach Hause, als ich unterwegs
Von meiner Asmat einen Brief erhielt.

Sie schrieb: Komm schnell zur Pappelschlanken her.
Ich machte Kehrt und sprengte hin ins Schloss,
Wo Asmat weinend mir entgegen kam.
Ich fragte nach der Thränen Ursache
Und sie erwiderte: Bist Du es nicht,
Der diese vielen Thränen mir entlockt?
Dich zu verteidigen bemüh' ich mich,
Jedoch vergeblich sind die Worte nur.
Sie führte mich zu Nestan Daredschan,
Die zornentbrannt auf einem Sofa sass.
Was zögerst Du denn noch? rief sie mich an,
Geh' hin und kämpfe oder willst Du mich
Verraten etwa noch ein zweites Mal?
Vor Ärger bebend lief ich fort und rief:
Jetzt soll's sich zeigen, wem Du teurer bist!
Ist denn so tief gesunken schon mein Mut,
Dass mich ein Weib zu Kampf antreiben muss!
Nach Hause ritt ich wie ein Rasender
Und ohne viel zu überlegen nahm
Ich einen Tross von hundert Reitern mit
Und sprengte durch die Stadt hinaus aufs Feld,
Wo meines Widersachers Lager stand.
Ermüdet lag im Zelte er und schlief.
Mir schaudert jetzt noch, wenn ich an ihn denk',
Denn, weh' mir! ich erschlug ihn meuchlerisch.
Mit Ungestüm lief ich dem Zelte zu,
Zerschnitt mit meinem Dolch die Schnur der Thür,
Ergriff den Jüngling und zerschmetterte
An einem nahen Pfeiler seinen Kopf.
Laut fingen seine Diener an zu schrei'n,

Doch ich sprang auf mein Ross und sprengte fort
In meine Burg, die unbezwingbar war.
Die, die mich zu verfolgen wagten, schlug
Ich alle nieder und kam unversehrt
Und ohne Furcht in meiner Feste an.
Von hier aus sande Boten ich ans Heer
Und liess verkünden: Wer mir helfen will,
Der zaudre nicht und komme her zu mir!
Als es dann dunkelte, erschien der Feind
Zum Kampf bereit vor meiner Burg, jedoch
Als er erfubr, was jenen war gescheh'n,
Ergriff in grosser Eile er die Flucht.
Am nächsten Morgen kamen hin zu mir
Drei Grosse, von dem Könige gesandt.
Er liess mir sagen, Gott, der Schöpfer, ist
Mein Zeuge, dass ich Dich wie einen Sohn
Erzogen habe und warum hast Du
Nun meines Lebens Heiterkeit getrübt?
Warum hast Du mit unschuldigem Blut
Mein Haus belastet, das auch Dein Haus ist?
Wenn Du begehrtest meiner Tochter Hand,
So solltest Du es aufrichtig gesteh'n.
Mich, der ich Dich erzog, hast Du betrübt
Und zwingst mich nun Dir meine Vatergunst,
Die ich Dir lieh, für immer zu entzieh'n.
O König, Deine Drohung schreckt mich nicht!
Liess ich ihm sagen. Nur die Wahrheit soll
Ein König reden! Gott behüte mich,
Dass Deine Tochter ich zum Weib begehr!
Dir zugefallen ist das ganze Reich

Und da kein Erbe mehr am Leben ist,
So bin Dein Nachfolger nur ich allein.
Kein Mensch darf mir bestreiten dieses Recht.
Nein, ich begehr' nicht Deiner Tochter Hand,
Jedoch auf Deinen Thron verzicht' ich nicht
Und wer ihn mir entreissen will, der soll
Auch das verlieren, was sein eigen ist.
Dess Himmels Fluch treff' mich, wenn ich dabei
Auswärtige Hilfe je in Anspruch nehm'!

Taryel erfährt Nestan Daredschans Entführung.

Des Königs Abgesandte gingen fort
Und schwer von Gram bedrückt blieb ich allein.
In Ungewissheit über ihr Geschick
Ertrug ich nicht die Einsamkeit, bestieg
Die hohe Ringmauer der Burg und hier
Erfuhr ich das, was mich noch heute quält,
Nicht allzuweit sah ich zwei Fussgänger,
Die langsam sich der Mauer näherten.
Auf einen Mann gestützt kam schwachen Schritt's
Ein Weib daher, das meine Asmat war.
Ein Blutstrom rann ihr über das Gesicht,
Denn schwer verwundet war der Armen Kopf.
Sie schwieg und ich rief ihr erschrocken zu:
Wo sind wir? Was für eine Glut brennt uns?
Da fing sie jämmerlich zu schluchzen an
Und stammelte mit Mühe folgendes:
Gott hat den Himmel uns aufs Haupt gestürzt!
Ich trat zu ihr und fragte noch einmal,

Jedoch sie weinte nur und fand kein Wort
Um auszudrücken ihre Schmerzensqual
Und sei es auch nur deren zehnten Teil.
Noch immer rann aus ihrer Wunde Blut
Und färbte rot der Armen heisse Brust
Nach langem Schluchzen fing sie endlich an:
Du sollst es hören, denn wie könnte ich
Verhehlen Dir das Schreckliche? Jedoch
So wie ich Dir jetzt einen Dienst erweis',
Erweis' auch Du mir einen Gegendienst!
Ja, Freund, erbarm' Dich meiner, töte mich,
Befreie mich von meinem Missgeschick!
Dann fuhr sie fort: Als Farsadan vernahm,
Dass Du den fremden Jüngling umgebracht,
Sprang er von seinem Sitze wütend auf
Und schickte seine Diener aus nach Dir.
Sie suchten Dich vergebens überall
Und als zum Könige zurückgekehrt
Sie meldeten, dass Du verschwunden seist,
Rief er mit Wut: Jetzt ist mir alles klar!
Er liebte meine Tochter und vergoss
Um ihrer willen jenes Jünglings Blut.
Wenn sie einander sahen, bebten sie.
Bei meinem Haupte schwör' ich, dass ich die
Mit eigner Hand dem Untergange weih',
Die sich mir Schwester nennt. Ich trug ihr auf
Mein Kind nach Gottes Satzung zu erzieh'n
Und sie hat es dem Teufel zugeführt.
Des schwersten Meineid's mag mich jeder zeih'n,
Wenn ich sie meiner Rache lass' entgeh'n!

Nicht oft schwor Farsadan bei seinem Haupt,
Jedoch wenn er es that, hielt er auch Wort.
Die, die gehört den feierlichen Schwur,
Begaben sich sogleich zu Dawar hin,
Zur Hexe, der bekannt war jede Kunst,
Und teilten ihr des Bruders Ratschluss mit.

Der Himmel weiss, dass ich nicht schuldig bin!
Rief sie verzweifelt aus. Weshalb soll ich
Den Tod erleiden durch des Bruders Hand?
Betrübt, wie gestern, als Du bei ihr warst,
Sass meine Herrin da, als unverhofft
Die alte Dawar wütend zu ihr kam
Und Worte aussprach, die ich nie gehört.
Du Metze! rief sie, Weibsbild ohne Scham,
Warum bringst Du mich um? Doch warte nur!
Auch Dir soll es dafür nicht wohl ergeh'n!
Du Metze, Du, warum gabst Du es zu,
Dass Deinen Freier jener Schuft erschlug?
Warum soll sühnen ich mit meinem Blut
Das Blut, das er für Dich vergossen hat?
Hab' ich des Bruders Zorn etwa verdient?
Sprich doch, ob ich Dir je ein Leid gethan?
O gebe Gott, dass der zu Grunde geh',
Der alle Schuld an meinem Unglück trägt!
Sie packte sie am schönen langen Haar,
Schlug ihr mit Wut den ganzen Körper wund
Und jene schwieg und seufzte nur dabei.
Auch ich, die Dienerin, sah schweigend zu.
Als Dawar schon des Schlagens müde war,

Rief sie zwei Negersklaven in den Saal.
Sie brachten eine schwarze Sänfte mit
Und setzten Nestan mit Gewalt hinein.
Dann eilten sie mit Ihr an's nahe Meer,
Bestiegen einen Kahn und schifften fort.

O nimmer werden sie mir das verzeih'n
Und mich dafür zu Tode steinigen!
Rief Dawar nun mit bitterm Schmerze aus.
Doch nicht erreichen soll mich ihre Hand,
Denn lieber geb' ich selber mir den Tod!
Bei diesen Worten stiess sie ihren Dolch
Sich in die Brust und stürzte leblos hin.
Sag', wunderst Du Dich nicht, dass ich noch leb'?
Jetzt gieb mir schnell den Lohn, der mir gebührt
Für eine solche Botschaft! Töte mich,
Befreie mich vom Leben, das zur Qual,
Zur schweren Last für mich geworden ist!
O teure Schwester, sagte ich zu ihr,
Du trägst an diesem Unglück keine Schuld,
Wie könnt' ich Dir deshalb ein Weh' anthun?
Soll das mein Dank für Deine Dienste sein?
Nein, suchen will ich sie in weiter Welt
Und sollte ich dabei zu Grunde gehn.
Am ganzen Körper zitternd stand ich da
Und stierte sie mit wirren Blicken an,
Da plötzlich raffte ich mich wieder auf
Und sprach zu mir: Das Trauern hilft Dir nichts!
Zieh' lieber fort von hier und suche sie
In Feld und Wald, bis Du sie wieder findst.

Das ist der Augenblick, da jeder, der
Mit Treue an mir hängt, mir helfen kann.
Ich ging nach Hause, kleidete mich um
Und stieg bald wohlgerüstet auf mein Ross.
Mit mir zog eine kampfesmutige Schar
Von hundert Recken, die schon oft vorher
Geteilt mit mir so manche Kriegsgefahr.
Wir ritten stattlich aus der Burg hinaus
An's nahe Meeresufer, wo wir schnell
Ein Schiff bestiegen, das bereit schon lag.
Wir segelten umher auf weiter See
Und jedes Schiff, das uns entgegen kam,
Durchsuchten wir, jedoch wir fanden nicht
Die Herrliche, denn Gottes schwerer Zorn
Verfolgte mich und hin war all mein Glück.
Ein ganzes Jahr, ja, zwanzig Monate
Zog auf dem weiten Meere ich umher
Und fand doch keinen Menschen, der sie je
Gesehen hätte, sei es selbst im Traum.
Ein grosser Teil von meiner Kämpferschar
War umgekommen schon von Not und Weh.
Der langen Seefahrt endlich müde stieg
Verzweifelt ich ans Land. Fast ganz vertiert
War von der langen Trübsal schon mein Herz.
Verlassen hatte mich selbst mein Wesir
Und alle, die bis dahin mir gefolgt
Und überstanden hatten die Gefahr.
Nur diese Asmat und zwei Diener noch
Verblieben mir als Tröster in der Not.

Pridons und Taryels Begegnung am Meeresufer.

Am Meeresufer ritt des Nachts ich hin,
Unweit von einer Stadt, wie es mir schien,
Denn grosse Gärten lagen rings umher.
Zuwider war der Menschen Nähe mir,
Drum blieb ich fern der Stadt, in einer Schlucht
Und legte mich dort unter einen Baum
Zum Schlafen hin. Als meine Diener schon
Beendigt hatten ihre Nachtmahlzeit,
Erwachte ich von Unruhe geplagt.
Schon lange hatte ich nichts mehr gehört
Von der, mit der ich einst so glücklich war
Und weinte deshalb still vor Bangigkeit.
Da scholl vom Ufer her ein Ruf zu mir.
Ich wandte überrascht mich um und sah
Dort einen Jüngling mit zerbrochnem Schwert,
Das rot gefärbt war von vergossnem Blut.
Mit Drohen stiess er laute Flüge aus:
Und auf dem Rosse, das jetzt mir gehört,
Ritt er am Meeresufer zornig hin.
Ich schickte ihm schnell einen Diener nach
Und dieser rief ihm aus der Ferne zu:
Bleib stehen einen Augenblick und sag',
Wer Dich, o Löwe, zu beleidigen wagt!
Als er dem Diener keine Antwort gab,
Bestieg ich schnell mein Ross und sprengte hin.
So höre mich doch an! versetzte ich,

Ich will nur wissen, was Dein Herz betrübt.
Er sah mich an und da ich ihm gefiel,
Hielt er sofort sein Ross an und rief aus:
O Gott, wie herrlich schlank ist die Gestalt,
Die diesem schönen Jüngling Du verlieh'n!
Dann fuhr er fort: Sehr gerne will ich Dir
Erzählen, was mir zugestossen ist.
Die Widersacher, welche ich bis jetzt
Für fromme, unschädliche Lämmer hielt,
Die haben sich als Löwen nun entpuppt,
Und heut' mich überfallen, eh' ich noch
Die Zeit gehabt mich zu verteidigen.
Beruhige Dich! entgegnete ich ihm,
Komm' hin mit mir an meinen Lagerort
Und dort will ich verscheuchen Deinen Gram.
Dem Tapfern bangt nicht vor der Feinde Schwert.
Er folgte mir und höflich, freundschaftlich
War jedes Wort, das dieser Jüngling sprach.
In der Behandlung jeder Wunde war
Der eine meine Diener sehr geschickt
Er zog dem Fremdling ohne Schmerzen fast
Die Pfeilspitze heraus, verband sodann
Die Wunde und sein Schmerz fand Linderung.
Dann fragte ich ihn: wer bist Du und wer
Sind jene, die Dir Schaden zugefügt?
Er fasste sich ein wenig und begann:
Ich weiss nicht, wer Du bist, o' junger Held,
Auch nicht, mit wem ich Dich vergleichen soll.
Warum hat Gott, der Dich so schön erschuf,
Verschleiert nun mit Trauer Dein Gesicht?

Warum ist Deine Rose so verwelkt?
Warum hat Gott die Kerze ausgelöscht,
Die er so hell selbst angezündet hat?
Mulghasomsari, das nicht weit von hier,
Ist meine Stadt, denn sieh', ich bin der Fürst
Des Landes, das an diesem Meere liegt.
Es ist nicht gross, wohl aber grenzenlos
Ist meine Güte, wie ein jeder weiss.
Als unser Grossvater das Land geteilt,
Bekam ich eine Insel hier im Meer.
Der grösste Teil fiel meinem Oheim zu
Und dessen Söhne sind es, die mich heut'
Verwundet haben im ungleichen Kampf.
Entrissen haben sie mir mit Gewalt
Die Jagdplätze und heute in der Früh',
Als ich nichts fürchtend ausging auf die Jagd
Und jenes Feld betrat, das mir gehört,
Umzingelten sie mich ganz unverhofft.
Den Tross Bewaffneter, der mit mir war,
Liess ich zurück und wenige Treiber nur
Nahm ich und fuhr in einem Kahne hin
Nach jener Stelle durch die Meerenge.
Nichts Böses ahnte ich und sprach zu mir:
Sind sie auch meine Widersacher jetzt,
So sind sie doch von meinem Blut und Stamm.
Mit frohem Mut begann ich meine Jagd
Und weit umher erscholl der Treiber Ruf.
Erzürnt darüber schickten sie sogleich
Auf Kähnen eine Schar Bewaffneter
Um mir den Rückweg abzuschneiden und

Sie selbst bestiegen ihre Rosse schnell
Und überfielen meinen Kriegertross,
Der auf dem Land zurückgeblieben war.
Als ich ihr wildes Kriegsgeschrei vernahm
Und ihre Waffen blitzen sah, sprang ich
Mit meinem Pferde schnell in einen Kahn
Und fuhr dem Lande zu, jedoch alsbald
Ward ich von ihren Kähnen eingeholt.
Von allen Seiten wurde ich umringt,
Allein vergebens strengten sie sich an
Den Nachen umzustürzen, der mich trug.
Als abgeschossen war mein letzter Pfeil,
Nahm ich mein Schwert, und als es mir zerbrach,
Bestieg ich schnell mein Ross, sprang in das Meer
Und kam so schwimmend glücklich an das Land.
Verwundert schauten sie mir alle zu
Und wagten es nicht weiter mir zu nah'n,
Jedoch von meiner kleinen Treiberschar
Auch nicht ein einziger ihrem Schwert entging.
Mag nun geschehen, was Gott wohlgefällt!
Nicht ungesühnt bleibt mein vergossnes Blut,
Mein Wort zu halten fehlt mir nicht die Kraft,
Vergiften will ich ihnen jeden Tag,
Und ihre Leiber hinwerfen zum Frass
Den schwarzen Raben auf ihr eignes Feld.
An diesem Jüngling ich Gefallen fand
Und wie zu einem Freunde sagte ich:
Beeile Dich nicht allzu sehr zum Kampf!
Ich will Dir beisteh'n und wir wollen seh'n,
Ob sie zwei Tapferen, wie wir es sind,

Zu trotzen wagen einen Augenblick.
Erfahren sollst Du auch, was mir gescheh'n,
Sobald ich zum Erzählen find' die Zeit.
Unendlich freut mich, was Du mir versprichst!
Erwiderte er mir. Als treuer Freund
Will Deinem Wohle ich mein Leben weih'n.
Dann ritten wir vereint in seine Stadt,
Die zwar nicht gross, doch reich an Schönheit ist.
Sein ganzes Kriegsvolk uns entgegen kam
Und jeder streute Asche auf sein Haupt,
Zerkratzte sein Gesicht vor Schmerz um ihn
Und ihn umarmend küsste er sein Schwert.

Taryel hilft Pridon bei der Besiegung seiner Feinde.

Gar bald war seine Wunde schon geheilt
Und seine Arme wurden wieder stark.
Wir rüsteten nun Kriegsfahrzeuge aus
Und herzlich freute mich sein frischer Mut.
Ich ward gewahr, dass unsre Feinde sich
Zum Streite rüsteten und sah auch bald
Acht Kähne voll Bewaffneter uns nah'n.
Ich stürzte auf sie los mit Ungestüm,
Warf einen Kahn mit einem Rucke um
Und sie erhoben laut ein Wehgeschrei.
Der zweite Nachen wurde ebenso
Von mir mit Mann und Maus ins Meer versenkt.
Als das die anderen sah'n, entflohen sie
In aller Eile an das nahe Land,

9*

Wohin auch wir, von vielen laut begrüsst,
Schnell ihnen folgten ohne Zeitverlust.
Am Ufer stiegen sie sogleich zu Ross
Und hier entbrannte jetzt ein neuer Kampf,
In dem Pridon sich hohen Ruhm erwarb.
Behend und kühn er wie ein Löwe war,
Hob seine Vettern aus dem Sattel, schlug
Die Hände ihnen ab mit seinem Schwert
Und legte beiden selbst die Fesseln an.
In Leid versenkte er die ihrigen,
Die seinigen erfüllte er mit Stolz.
Ihr Kriegsvolk floh jetzt und zerstreute sich
Und wir bemächtigten uns ihrer Burg,
Wo ungeheuer unsre Beute war,
So sühnte er sein Blut an ihrem Blut,
Mir aber riefen alle freudig zu:
Gelobt sei Gott, der Dich erschaffen hat!
Dann kehrten wir in unsre Stadt zurück.
Mit Jauchzen zog vor uns das ganze Volk
Und rief frohlockend: Schaut die beiden an!
Als ihren König priesen sie Pridon
Und mich als König aller Könige.
Wie Diener waren sie ergeben mir.
Ich war betrübt und keine Heiterkeit
Erhellte mein Gesicht, jedoch ich trug
Des Herzens tiefe Trauer nicht zur Schau'

Pridon erzählt Nestan Daredschans Abenteuer.

Als mich Pridon einmal zur Jagd einlud,
Gelangten wir an einen Fels am Meer

Und hier begann er folgendes zu mir:
Erzählen muss ich Dir, was ich geseh'n
Vor längrer Zeit von diesem Orte aus.
Ich war hier eines Tages auf der Jagd,
Als ich in weiter Ferne auf der See
Etwas bemerkte, das schnell wie ein Pfeil
Dahin schoss auf der spiegelglatten Flut.
Im ersten Augenblicke meinte ich,
Es sei ein Vogel sonderbarer Art,
Und aus der Nähe erst erkannte ich
Dass es ein Fahrzeug war, ein prächtiger Kahn
Mit einem Dach von reichem Seidenstoff.
Am Schnabel stand ein Mann und ruderte,
Und unter jenem Seidenzelte sass
Ein schönes Weib der sieben Himmel wert.
Am Ufer angekommen stiegen schnell
Zwei schwarze Sklaven aus dem Kahn heraus
Und jetzt erblickte ich ihr schönes Haar
Und ihre schlanke, herrliche Gestalt.
Vor Wonne fing mein Herz zu pochen an
Und mächtig zog mich diese Rose an,
Die mich fast blendete durch ihren Reiz.
Ihr nah' zu sein verlangte mich gar sehr
Und eiligst sprengte ich an's Ufer hin
Auf meinem Rosse, dem sonst nichts entkommt.
Gleich einem Pfeil flog ich durch's hohe Gras,
Jedoch umsonst war meine Eile nur,
Denn als ich unten ankam, waren sie
Schon weit hinweg gefahren auf die See
Und ich stand trüb' wie ein Beraubter da.

Pridons Erzählung goss mir Glut ins Herz,
Ich sprang vom Pferde, schlug mich vor die Brust
Und kratzte meine Wangen auf vor Schmerz,
Denn der Gedanke, dass ein anderer
Noch ausser mir die Herrliche geseh'n,
Erfüllte mich mit wilder Eifersucht.
Verwundert über mein Betragen stand
Pridon vor mir und sah mich wirre an,
Bis plötzlich Mitleid überkam sein Herz
Und Thränen ihm mein schwerer Gram entrang.
Was hab' ich Rasender gethan? rief er.
Warum hab' ich Dich, Bruder, so betrübt?
Beruhige Dich! gab ich zur Antwort ihm,
Die Herrliche, von der Du eben sprachst,
War meine Herzgeliebte und daher
Ist in mir aufgewallt die Schmerzensglut.
Da Du als treuer Freund so zu mir hältst,
Will ich Dir nicht verschweigen, was mich quält.
Und ich erzählte ihm mein Missgeschick,
Worauf er mir erwiderte: Ich Narr,
Wie konnte ich so unvorsichtig sein!
Dir, hehrer Herrscher von ganz Indien,
Gebührt der Königsthron und alle Herrlichkeit.
Von dem, den Gott so wunderschön gemacht,
Wird er entfernen auch den Schmerzensdolch
Und heilen wird die Wunde, die er schlug.
Mit Thränen kehrten wir ins Schloss zurück
Und als allein wir waren, sagte ich:
Mir kann kein Mensch sonst helfen ausser Dir,
Denn keinen giebt es, der Dir ähnlich wär'!

Erfahren hast Du nun mein Missgeschick
Und wie es schmerzlich ist, begreift Du leicht,
Da Du ja selbst verliebt gewesen bist.
Drum steh' mir bei mit Deinem Rat und sprich,
Was ich für mein und ihr Heil thuen soll.
Denn so wie jetzt mit diesem Sehnsuchtsschmerz
Ich keinen einzigen Tag mehr leben kann.
Dass Du zu mir gekommen gnadenvoll,
Beglückt mich so, dass ich nicht einmal weiss,
Wie ich Dir meinen Dank bezeigen soll,
Erwiderte er mir. Ich steh' vor Dir
Als Diener nur und harre des Befehls.
An dieser Stadt führt jedes Schiff vorbei,
Und jede Nachricht her zu uns gelangt.
Drum ist es leichter hier als anderswo
Das zu erfahren, was Dir nötig ist.
Geübte, treue Schiffer wollen wir
Aussenden in die weite Welt sogleich,
Damit sie suchen jene Herrliche,
Die Dir bereitet solche Herzensqual.
Bis dahin hab' Geduld und traure nicht,
Denn keinen Gram giebt es auf dieser Welt,
Den nicht die Freude überwinden kann.
Herbeirufen liess ich die Seeleute
Und gab ihnen den folgenden Befehl:
Zieht mit den Schiffen aus von Meer zu Meer,
Sucht jene Schöne und erinnert sie
An den Geliebten, den die Sehnsucht quält!
Weicht keinen Mühen noch Gefahren aus
Und wären ihrer viele tausende!

Froh wartete ich ihrer Wiederkehr
Und vor der Hoffnung schwand mein ganzer Gram.
Der Heiterkeit und Lust gab ich mich hin
Und dessen schäme ich mich heute noch.
Errichten liess Pridon mir einen Thron
Und sprach: Erfahren habe ich erst jetzt,
Dass Du der König von ganz Indien bist.
Dir treu zu dienen bin ich gern bereit.

Bald kehrten alle Kundschafter zurück.
Sie hatten sich vergebens nur bemüht
Und brachten keine Nachricht mir von ihr.
Betrübt darüber sagte ich Pridon:
Gott ist mein Zeuge, wie mich dieser Tag
Mit Trauer und mit neuem Gram erfüllt.
Umnachtet ist mein Leben und mein Herz
Für immer nun gebunden an den Schmerz.
Vergebens harr' ich meines Glückes hier,
Drum lass mich zieh'n! ich bitte Dich darum.
Als mich Pridon so reden hörte, fing
Er bitterlich zu weinen an und sprach:
O Brüder, meiner Freuden letzter Tag
Ist heut gekommen, wenn Du mich verläss'st.
Um mich zum Bleiben zu bewegen, kann
Sein Kriegsvolk auf den Knieen zu mir hin
Und bat mich unter Küssen flehentlich
Zu bleiben und zu teilen Freud und Leid
Mit ihnen bis des Todes Tag uns trennt.
Tief rührte mich der Krieger Herzlichkeit,
Jedoch ich dämpfte mein Gefühl und sprach:

Auch mir fällt jene Trennung wahrlich schwer,
Allein nichts kann mich freuen fern von ihr,
Der Schönen, deren trauriges Geschick
Für immer mich der Ruhe hat beraubt.
Drum lasst mich zieh'n! Vergebens bittet ihr.
Dann gab Pridon mir dieses Pferd und sprach:
Dir, der Du schlank wie eine Pappel bist,
Sei dieses schöne, schlanke Ross geschenkt!
Ich weiss, dass Du sonst weiter nichts bedarfst,
Daher erlass' mir die Entschuldigung,
Dass so gering nur ist mein Gastgeschenk!
Gefallen wird es Dir, das weiss ich wohl,
Denn stattlich ist des edlen Tieres Gang
Und unvergleichlich seine Schnelligkeit.
Mit Thränen gab Pridon mir das Geleit
Und nach dem Abschiedskusse schieden wir.
Das ganze Heer war aufrichtig betrübt
Und weinte herzlich, nicht aus Heuchelei.

.

Ich wanderte in weiter Welt umher,
Durchforschte aufmerksam ein jedes Land
Und fand doch keine Spur der Herrlichen.
Der Sinne fast beraubt sprach er zu mir;
Ich fahr' erfolglos nun von Meer zu Meer.
Vielleicht find' in der Wüste ich die Ruh',
Die unter Menschen ich vergebens such'.
Zu Asmat und den Dienern sagte ich:
Recht habt ihr, wenn ihr unzufrieden seit,
Denn allzu gross ist schon der Mühsal Maass,
Die meiner wegen ihr ertragen habt.

Jetzt überlasst mich meinem Schicksal hier
Und sorget nur für Euer eignes Heil.
Genug habt meiner Thränen ihr geschaut.
Als sie von mir vernahmen dieses Wort,
Erwiderten sie schnell: Mag unser Ohr
Das nicht mehr hören, was Du eben sprachst.
Wir wollen keinen Herren ausser Dir,
Drum trenn' uns nicht von Deiner Füsse Staub
Und lass uns ferner auch Dein Antlitz schau'n.
Vom Missgeschick wird auch der Starke schwach.
Durch ihre feste Treue tief gerührt
Behielt ich sie bei mir, jedoch ich zog
Für immer aus der Menschen Nähe fort
Und irrte in der Wildnis nur umher,
Wo oft ein Raubtiernest mein Lager war.
Da fand ich endlich diese Höhlen hier.
Von riesigen Dewen waren sie bewohnt,
Die alle ich nach kurzem Kampf erschlug.
Vergeblich war ihr kühner Widerstand,
Doch meine Diener kamen um dabei,
Trotzdem ein jeder gut bewaffnet war.
So traf von neuem mich des Schicksals Grimm
Und zu dem alten kam ein neuer Schmerz.
Seit jenem Tage sterb' ich langsam hin
Und irre wie ein Rasender umher.
Bald weine ich, bald bin ich trübsinnig.
Hier dieses Weib verlässt mich nimmermehr,
Da sie ja auch dieselbe Sehnsucht quält,
Denn so wie ich weint sie der Schönen nach.
Das Abbild dieser ist seit jenem Tag

Für mich die Tigerin und deshalb bleibt
Für immer teuer mir das Tigerfell.
Schon lange trage ich kein andres Kleid
Als Tigerfelle, welche Asmat mir
Stets anfertigt in ihrer Einsamkeit.
Wozu wetz' ich denn immer noch mein Schwert,
Da ich's nicht stosse in die eigne Brust?
Vergeblich ist ein jegliches Bemüh'n
Zu schildern meiner Schönen Herrlichkeit
Und nichts blieb mir als die Erinnerung
An sie, die längst verloren ist für mich.
Mit wilden Tieren lebe ich seitdem,
Denn von der Trübsal bin ich selbst vertiert
Und bitte Gott um nichts als um den Tod.

Vom Schmerz betäubt schlug er sich ins Gesicht
Und stöhnte wieder so verzweiflungsvoll,
Das Awtandil von Mitleid übermannt
Nicht mehr zurück hielt seiner Thränen Lauf.
Schnell stürzte Asmat vor ihm auf die Knie'
Und rief ihn, flehend, aus dem Taumel wach.
Hierauf sprach ruhig er zu Awtandil:
Dir habe ich die Ruhe nun verschafft,
Jedoch ich selbst verlang' sie nimmermehr.
Erzählt hab' ich Dir meine Leidensmär,
Drum kehr zu Deiner Lieben jetzt zurück,
Die doch gewiss mit Sehnsucht Deiner harrt.
Betrübt erwiderte ihm Awtandil:
Gar schwer ist dieser Trennungstag für mich

Und schwerer noch wird meine Zukunft sein.
Doch höre, was ich Dir jetzt sagen will,
Nur zürne nicht, dass es die Wahrheit ist!
Nicht hilft Dein Trauern jener Herrlichen
Und unverändert bleibt ihr Missgeschick.
' Wie klug und kenntnisreich ein Arzt auch sei,
So fragt er einen andern doch um Rat,
Wenn selber er erkrankt, denn jener weiss
Viel besser ja, was diesem helfen kann.
Drum hör' mich an! Erwogen habe ich
Gar reiflich jedes Wort und spreche nur,
Was die Vernunft mir eingegeben hat.
Einmal zu hören reicht nicht immer hin
Und oft ist es von nöten, hundertmal
Das anzuhören, was erspriesslich ist.
Mit Deiner Ungeduld ist es Dir schwer
Den Weg zu finden, der zum Bessern führt.
Jetzt will ich die Geliebte wiederseh'n,
Nach der mein banges Herz schon längst sich sehnt.
Ja sehen will ich sie, die Herrliche
Und ihr erzählen, was Du mir erzählt.
Sonst habe ich, o Freund, nichts weiter vor.
Deshalb beschwör' ich Dich, gieb mir Gehör,
Gelobe mir, dass Du mich nicht verläss'st,
Wie ich auch Dir gelobe ewige Treu'.
Wenn Du mir feierlich versprichst, von hier
Nicht fortzuziehen, bis ich wiederkehr',
So schwör' ich Dir bei dem, was heilig ist,
Dass ich Dir selbst mein Leben opfern will —
Und nimmer von Dir geh', bis es gelingt

Diejenige zu finden, die Du liebst.
Vielleicht verhilft mir Gott, der Herr, dazu.

O Freund, erwiderte ihm Taryel,
Wie hab' ich, Fremder, Deine Gunst erlangt?
Du klagst um mich indem Du von mir gehst,
Wie um die Rose klagt die Nachtigall.
Wie könnt' ich Deiner denn vergessen je,
Da Du mir ja schon längst im Herzen wohnst!
O gebe Gott, dass ich Dich wiederseh'!
Ja, wenn Du wiederkommst, so bleib' ich hier
Und gebe meine Wanderungen auf.
Wenn ich nicht halte mein gegebnes Wort,
Mag treffen mich des Himmels schwerer Zorn,
Vielleicht bringt Deine Nähe mir das Glück
Zurück, das schon seit Jahren fern mir ist.
So schworen sie einander ewige Treu'
Und aufgeregt, von Freundschaftsglut erwärmt,
Verbrachten schlaflos sie die ganze Nacht
Und sprachen wohlgemut von bess'rer Zeit.
Als dämmernd dann der neue Tag anbrach,
Stand Awtandil mit heissen Thränen auf,
Gab seinem Freund den letzten Abschiedskuss
Und ritt von dannen, während Taryel
Stumm stehen blieb und keine Worte fand
Das auszusprechen, was sein Herz empfand.
Laut weinend gab ihm Asmat das Geleit
Und auf die Kniee fallend bat sie ihn
Zurückzukehren ohne Zeitverlust.
So wie ein Veilchen welkte sie.

Beruhige Dich! versetzte Awtandil.
Wem gilt mein Sinnen denn noch ausser euch?
Ich kehre bald zurück wie ich's versprach
Und wenn Ihr mich zur Frist nicht wiederseh't,
So wisset, dass ich umgekommen bin!

Awtandil kehrt nach Arabien zurück.

So schwer war dieser Tag für Awtandil,
Dass er dem Trennungsschmerze fast erlag.
Schnell legte er den weiten Weg zurück
Und als er hin in jene Gegend kam,
Wo seiner Kriegerscharen Vorhut stand,
Erscholl ein Freudenruf durch's ganze Land.
Zu Schermadin entsendeten sie schnell
Die Botschaft: Heimgekehrt ist heute der,
Um den getrauert wir so lange Zeit!
Beglückt ging ihm entgegen Schermadin,
Umschlang ihn herzlich, küsste seine Hand
Und rief vor grosser Freude weinend aus:
O Himmel, träume oder wache ich?
Wie habe ich das hohe Glück verdient
Dich heil und unversehrt vor mir zu sehn?
Ihn herzlich küssend fragte Awtandil:
Wie geht es Dir, mein teurer Herzensfreund?
Gelobt sei Gott, dass ich Dich wiedersah'!
Dann brachten ihm die Grossen ihren Gruss
Und jeder, der der Ehre würdig war,
Gab ihm, dem lang' Ersehnten, einen Kuss.

Froh jauchzte ihm entgegen Jung und Alt
Und alle Glocken dröhnten durch die Stadt.
Vor seinem Schlosse war das ganze Volk
Versammelt, um den Herrlichen zu seh'n
Und siegesfroh begann er einen Schmaus,
Bei dem so gross der Jubel aller war,
Dass keine Feder ihn beschreiben kann.
Dem treuen Schermadin erzählte er,
Wie er gefunden jenen Trauernden,
Wobei er oft die Rede unterbrach,
Denn Thränen traten in die Augen ihm.
Er sprach: Von ihm getrennt bin ich im Schloss
So elend, wie ichs in der Hütte bin.
Hierauf berichtete ihm Schermadin,
Dass er verschwiegen seine Wanderung,
Wie er's befohlen ihm am Trennungstag!
Als das Gelage dann beendigt war,
Begab sich Awtandil ins Schlafgemach
Und vor Ermüdung schlummerte er ein.
Am nächsten Morgen, als die Sonn' aufging,
Brach er schon auf zu seinem Könige.
Noch früher zog von dannen Schermadin
Um anzuzeigen ihm die Wiederkehr
Des Helden, welcher allen teuer war.
Schon in drei Tagen legte Awtandil
Den zehntägigen Weg zurück und liess
Dem Könige sagen: Herr, so lange ich
Nicht stillen konnte Deinen Herzenswunsch,
War ich nicht wert Dein Angesicht zu schau'n.

Jetzt weiss ich alles und deshalb kehr' ich
Zufrieden und vergnügt zu Dir zurück.

Als Rostewan die Botschaft Schermadins
Vernahm, rief er mit grosser Freude aus:
So hat Gott meine Bitte nun erhört!
Hierauf ging Schermadin zu Tinatin
Und meldete des Jünglings Rückkehr an.
Vor Wonne war die Schöne ausser sich
Und liess dem Boten, so wie seinem Tross
Geschenke bringen aus der Schatzkammer.
Sein schönstes Ross bestieg der König nun
Und ritt entgegen seinem Awtandil.
Durch diese seltne Gnade hoch beglückt
Frohlockte Awtandil und sprengte schnell
Von allem Volk begrüsst zum Könige hin.
Vor diesem angelangt sprang er vom Ross,
Verneigte sich und sank ihm an die Brust.
Umjauchzt von allen gingen sie ins Schloss,
In den Empfangssaal, wo die Herrliche
Des Teuren harrend freudestrahlend sass.
Der Löwen Löwe, Awtandil trat ein
Und neigte ehrfurchtsvoll sein Haupt vor ihr,
Dem Stern der Sterne, Tinatin.
Die Aufregung erhöhte ihre Schönheit noch
Und unvergleichlich war der Wangen Pracht
Sowie der schwarzen Augen Wonneglanz.
Das schönste Erdenschloss, der Himmel selbst
War nicht zu schön ihr Wohnpalast zu sein.
Dann setzten sie sich hin zum Freudenmahl

Und zechten wohlgemut bei Harfenspiel.
Mit Wohlgefallen schaute Rostewan,
Der gute Vater seinen Pflegling an
Und Freudenthränen weinend schenkte er
Den Tischgenossen Schätze aller Art,
Selbst schöne Perlen von dem höchsten Wert
Verteilte er wie schlichtes Kupfergeld.
Als das Gelage schon zu Ende ging,
Entfernten sich die meisten und nur die,
Die vornehm waren, blieben noch zurück.
Da bat der König huldvoll Awtandil
Ihm zu erzählen, was von Taryel,
Dem Löwen, er mit eignem Ohr gehört.
Der Jüngling sagte: Wundert Euch nur nicht,
Dass ich bei der Erinnerung an ihn
Fortwährend seufzen muss, denn sonnenschön
Ist jener Herrliche von Angesicht.
Der, welcher ihn nicht sah, hat nichts geseh'n.
Er gleicht der Rose auf dem Distelbeet.
Von Leiden welkt des Menschen Antlitz hin
Und seines Körpers Kräfte nehmen ab.
Bei diesen Worten weinte Awtandil
Und dann erzählte er die lange Mär,
Die jener Jüngling selbst ihm mitgeteilt
Und fügte noch hinzu: Wo Dewen einst
Gehaust, in Höhlen, wohnt er ganz allein
Mit einem Weibe, das die Dienerin
Der Schönen war, die er verloren hat.
Nur seinem Schmerz lebt er, denn nichts gilt ihm
Die Welt mit aller ihrer Herrlichkeit.

Die, die ihn reden hörten, spendeten
Ihm reiches Lob und sagten insgesamt:
Gar gross, o Jüngling, ist Dein Heldenmut,
Da Du bezwungen hast der Leiden Heer.
Mit Wonne lauschte ihm auch Tinatin
Und durch des Teuren Nähe hoch beglückt,
Vergass an diesem Tage sie den Gram,
Der unaufhörlich sie bis heut gequält.
Als Awtandil eintrat in sein Gemach,
Ward ihm von einem Diener mitgeteilt,
Dass ihn zu sprechen wünsche Tinatin.
Vergnügt und sanften Herzens ging er hin,
Er, der ein Löwe unter Löwen war
Und in der Wüste sie bekämpft mit Mut.
Auf einem Throne sitzt die Schöne da.
Schlank wie die Pinie, die im Paradies
Getränkt von Eufratwasser auferwuchs.
Das üppige schwarze Haar umwallt ihr Haupt
Und über ihren Feueraugen prangt
Der schön gebogenen Brauen schwarzes Paar.
Wie kann ich schildern ihrer Reize Pracht,
Da mir die Kunst und die Beredsamkeit
Der grossen Weisen von Athen ja fehlt!
Sie setzte ihn an ihre Seite hin
Und während Freude ihr Gesicht beschien,
Floss still und süss vertraulich ihr Gespräch.
Sie sprach: Gefunden hast Du also den,
Um dessen Willen Du so viel erlittst!
O schweig von jener Pein! fiel er ihr ein,
Sobald erfüllt ist schon des Menschen Wunsch,

Soll er vergessen der vergangnen Qual
Wie eines Tages, der nicht wiederkehrt.
Gefunden habe ich den Herrlichen,
Der Leid und Freude viel erfahren hat.
Sein schönes Antlitz einer Rose gleicht,
Jedoch verloren hat es seinen Glanz.
Jawohl, ich hab den Traurigen geseh'n
Und heiss sehnt meine Seele sich nach ihm,
Denn so wie mich quält ihn ein schwerer Gram.
Er teilte ihr, der Vielgeliebten mit,
Wie er gelitten auf der Wanderung
Und dann mit Gottes Hilfe jenen fand,
Für den des Lebens Freuden reizlos sind
Und der den Tieren gleich die Menschen flieht.
O frage nicht nach ihm, sprach er zu ihr,
Denn schildern lässt sich seine Schönheit nicht.
Wer ihn nur einmal sah, o dem gefällt
Kein andrer Mensch auf dieser Erde mehr.
Die Augen blendet seines Bildes Glanz
So wie des Himmels helles Sonnenlicht.

Als er genau ihr alles mitgeteilt,
Was er gesehen und von ihm gehört,
War ihrer Wünsche innigster erfüllt
Und heiter strahlend wie der volle Mond
Rief sie: O Teuerster, wie dank ich ihm,
Das meine Neugier er befriedigt hat!
Wie kann ich heilen seiner Wunden Schmerz?
Hierauf entgegnete ihr Awtandil:
Geschworen haben wir uns ewige Treu'

Und meine Pflicht ruft mich zu ihm zurück.
Sie zu erfüllen habe ich gelobt
Bei der, die meine Lebenssonne ist.
Um seines Freundes willen darf der Mensch
Sich nie dem Schmerz noch der Gefahr entzieh'n,
Für's Herz des Freundes geb' sein Herz er hin
Und bau' von seiner Liebe sich den Weg!
Wer selber liebt versteht des andern Schmerz.
Erfüllt sind meine Wünsche jetzt! sprach sie,
Denn erstens kommst Du unversehrt zurück
Mit jener Botschaft, der Dein Wandern galt,
Und dann hegst Du die Liebe inniglich,
Die ich beim Abschied in Dein Herz gesä't.
Ja, heilen werden meine Wunden jetzt.
Dem Wetter unser Erdenschicksal gleicht,
Bald scheint die Sonne, bald saust wild der Sturm
Und Wolken türmen sich am Himmel auf.
Verwandelt ist in Freude nun mein Weh'
Und jede Klage bald verstummen soll,
Da ja das Schicksal selbst den Balsam reicht!
Nur Achtung weckt in mir Dein Pflichtgefühl.
Ein wahrer Freund verdient auch wahre Treu'!
Doch sage mir, wie ich hier leben soll,
Wenn Du von neuem in die Ferne gehst?

O Teuerste, versetzte Awtandil,
Jetzt, da ich Deiner Nähe Glück genoss,
Wird sich vermehren meiner Leiden Zahl,
Denn bitter ist das Leben stets für den,
Der sich von der Geliebten trennen muss.

Wenn ich Dir nahe, fühl' ich einen Schmerz,
Doch hunderte von Schmerzen quälen mich
Stets, wenn das Schicksal mich von dannen führt.
Wenn ich jetzt von Dir gehe, fürchte ich,
Dass mich der schweren Sehnsucht Glut verzehrt
Und dass mein Herz vom Pfeil getroffen wird,
Der seiner längst schon im Verborgnen harrt.
Vernommen habe ich, was Du gesagt
Und will mit Mut der Trauer mich entzieh'n,
Jedoch ich bitte Dich, gieb mir ein Pfand,
Das Deine treue Liebe mir verbürgt!
Ein jedes Wort ward nun wie Honig süss
Und eine Perle von sehr hohem Wert
Gab sie dem Jünglinge als Liebespfand.
Sie sprach: O möge Gott, der Ewige
Ein gutes Ende unserem Glück verleih'n!
In seine Arme schloss er sie hierauf
Und gab der Herrlichen den ersten Kuss.
O selig macht der Liebe Hochgenuss
Und tausendfaches Leid wird dem zu teil,
Dem dieses Erdenglück entrissen wird.
Der höchsten Wonne gaben sie sich hin
Und schauten liebevoll einander an,
Jedoch da kam der Trennung Augenblick,
Er ging mit bitterm Schmerze fort von ihr
Und schlug sich mit Verzweiflung in die Brust,
Denn weichherzig wird selbst der starke Mann,
Wenn ihn der Liebe schwerer Gram erfasst.
So wie die Erde sich in Schatten hüllt,
Wenn dichte Wolken vor die Sonne zieh'n,

Wird es auch düster in des Menschen Herz,
Wenn das ihm fehlt, was ihm hier teuer ist.

Wie haben ihre Feuerblicke doch
So leicht mein felsenstarkes Herz durchglüht!
Rief er sein Pferd besteigend, schmerzlich aus.
Bis zu dem Tag', da ich sie wiederseh',
Hat keine Freude diese Welt für mich.
Noch gestern weilte ich im Paradies
Und mich bestrahlte heller Sonnenschein,
Doch heut' hat mich des Schicksals Speer durchbohrt
Und in ein endlos Flammenmeer gestürzt.
O Welt, jetzt weiss ich, dass der Menschen Glück
Nichts weiter als ein schönes Märchen ist.
So bitter klagend er nach Hause ritt,
Denn schwerer noch war jetzt ihm der Verlust
Nachdem die Vielgeliebte er geseh'n.
Ein schlimmes Ende ist in dieser Welt
Gar oft des allerbesten Anfangs Grab.
Zu Hause angekommen wankte er
Vor Schmerz fast taumelnd in sein Schlafgemach
Und fand des Schlummers süsse Ruhe nicht,
Denn ein Gedanke nach dem andern riss
Ihn zur Geliebten hin, die er nicht sah.
O Menschenherz, sei zehnmahl Du verflucht
Für Deine Gier und Unersättlichkeit!
Bald nimmst Du alles Leid des Lebens hin,
Bald schwelgst Du in der Freuden Hochgenuss.
Blind bist Du und gehst nie den Mittelweg.

Kein Schmerz und keines Erdenherrschers Macht
Hält Dich, o Herz, vom Irrwege zurück.
Sich so beschwichtigend nahm er hierauf
Das Perlenarmband, dass sie ihm geschenkt,
Und küsste dieses Kleinod, dass so weiss
Wie ihre Zähne war und das den Arm
Der Herrlichen vor Kurzem noch geschmückt.
Still weinend lag er bis zum Morgen da
Und als der Tag anbrach, erschien bei ihm
Ein Diener von dem Könige gesandt,
Der ihn, den Trauernden, ins Schloss einlud.

Obwohl ermüdet, ging er hin sogleich.
Auf allen Strassen stand gedrängt das Volk
Um sich zu weiden an des Jünglings Bild.
Der Jagdzug wartete des Aufbruchs schon
Und als der König nun sein Ross bestieg,
Erscholl der Pauken und Posaunen Lärm,
Laut bellend sprang die Meute wild davon
Und schwirrend flog der Falken dichte Schar
Wie eine Wolke in der Luft umher.
In Strömen floss von allen Seiten Blut,
Denn jeder Pfeil flog sicher hin zum Ziel.
Mit reicher Beute kehrten sie zurück
Und alle Grossen zogen ein ins Schloss,
Wo schon gedeckt die lange Tafel war
Und sie der Sänger schön geschmückte Schar
Mit Lustgesang und Lautenspiel empfing.
Hier neben seinem Könige sitzend nahm

Der Jüngling die Erzählung wieder auf.
In ihrer Nähe stand ein grosser Kreis
Der Vornehmsten, jedoch die andern auch,
Die minder vornehm waren, drängten sich
Zu ihnen hin und lauschten aufmerksam.
Ein jedes Wort betraf heut' Taryel.

Vom Mahl zurückgekehrt lag Awtandil
Mit wundem Herzen auf dem Ruhebett
Und rang vergebens um den süssen Schlaf,
Denn wenn das Herz tobt, bleibt der Schlummer fern.
Und wessen Herz hat jemals denn gehorcht,
Wenn die Vernunft es zur Geduld ermahnt?
Er rief: der Freuden kleinste flieht von mir,
Wenn ich nicht bei Dir bin, o Herrliche!
Beglückt ist jeder, der Dein Antlitz schaut
Und gramerfüllt der, der Dich meiden muss!
Nur langsam kam die Ruh' in sein Gemüt,
Doch als sie wieder kam, versetzte er:
Die Quelle aller Weisheit ist Geduld.
Nur die Geduld heilt unser Herzeleid
Und wer in diesem Leben Freuden sucht,
Ertrage auch die Leiden, die es bringt!
Jawohl, o Herz, den Tod verlangst Du zwar,
Doch besser ist das Leben, sei's auch schwer.
Drum harre aus und zeige nicht den Schmerz,
Denn wer zur Schau trägt seinen Liebesgram,
Zeigt nur, wie schwach und kleinmütig er ist!

Awtandil bittet Rostewan um die Erlaubnis zur Abreise.

Am nächsten Morgen eilte Awtandil
Zum Grosswesire seines Königs hin.
Bewaffnet war mit Ruhe nun sein Herz
Und sein Gesicht erhellt von Heiterkeit.
Entgegen kam ihm der Wesir und rief:
Die Sonne geht in meinem Hause auf!
So hat mein Vorgefühl mich nicht getäuscht.
Mit Höflichkeit lud er ihn zu sich ein
Und breitete, als er den Saal betrat,
Den besten Teppich, welchen er besass,
Vor seinem hoch geschätzten Gaste aus.
So wie die Sonne diese Welt erhellt,
Erhellte Awtandil das ganze Haus
Und alle riefen mit Entzücken laut:
Der Wind hat uns heut Rosenduft gebracht!
Sich zu entfernen bat dann der Wesir
Die Seinigen und Awtandil begann:
Beim Hofe hat Dein kluges Wort Gewicht
Und stets befolgt der König deinen Rat.
Drum hör' mich an und wenn es möglich ist,
Sei Du, o bester, meiner Leiden Arzt!
Vergessen kann ich jenen Jüngling nicht
Und so quält mich sein schweres Ungemach,
Dass ich die Trennung kaum ertragen kann.
Ergeben ist er mir mit ganzem Herz
Und deshalb ist es meine heilige Pflicht

Ihm beizusteh'n in seinem Missgeschick.
Umsponnen hat mich seiner Freundschaft Netz,
Mein ganzes Herz liess ich bei ihm zurück,
Denn jeder, der dem Schönen nahe kommt,
Fühlt sich von seines Wesens Reiz bestrickt.
Auch jene Asmat, die sein Schicksal teilt,
Ist teuer mir, als eine Schwester selbst.
Als ich mich von ihm trennte, schwor ich ihm
Beim Heiligsten, das diese Welt besitzt,
Zurückzukehren festen Muts zu ihm,
Der selbst den Feind durch seinen Anblick freut.
Jawohl, die reine Wahrheit sag' ich Dir.
Fern in der Wüste wartet er auf mich
Und fast vergehe ich vor Ungeduld,
Dass ich noch hier weil' und nicht bei ihm bin.
Nicht brechen kann ich meinen heiligen Schwur.
Des Schicksals Missgunst wendet dem sich zu,
Der untreu wird und seinen Eid verletzt.
Teil alles, was ich Dir ans Herz gelegt,
Im Schlosse drüben, unserm König mit!
Nur Wahrheit ist's, von jedem Truge frei.
Wenn er mich nicht zurück hält mit Gewalt,
Brech' ich sofort zu meinem Freunde auf
Und wenn er mich nicht zieh'n lässt, werde ich
Doch untauglich zu jedem Dienste sein.
Sag' ihm, dass Gott, der Herr, mein Zeuge ist,
Wie ich ihm ehrfurchtsvoll ergeben bin,
Ihm, dessen Lob in allen Sprachen klingt.
Jedoch mein Herz hat Taryel bestrickt
Und ohne ihn ist leer für mich die Welt.

Wenn mir mein gutes Werk gelingt, fällt ihm,
Dem Könige, ein Teil des Ruhmes zu.
Gelingt es nicht, mag ich zu Grunde geh'n,
Jedoch den heiligen Schwur verletz' ich nicht.
Lass' ihn nicht trauern, dass ich fern von ihm
Entgegen gehe drohender Gefahr!
Was mir vom Schicksale beschieden ist,
Wird sich an mir vollzieh'n, so Gott es will.
Mag ihm der Schöpfer immer Sieg verleih'n
Und ihm erhalten, was ihm zugehört!
Geh', wiederhol' dem Könige mein Wort,
Eh' er noch andere bei sich empfängt.
Bitt' ihn, dass er mich gütlich ziehen lässt,
Zeig' Dich als Held und Deiner Mühe Lohn
Soll alles Gold in diesem Beutel sein!

Dein Gold, o teurer Freund, begehr' ich nicht,
Entgegnete ihm lächelnd der Wesir.
Es ist schon Glück und Ehr' für mich genug,
Dass meine Schwelle Du betreten hast.
Für meine Botschaft wird der König mir
Wahrscheinlich nicht versagen meinen Lohn.
Nein wahrlich nicht! Er wird von Zorn entflammt
Mich auf der Stelle schon dem Tode weih'n.
Was nützt Dein Gold mir, da ich ja dafür
Mich von dem teuren Leben trennen muss,
Das doch der Güter bestes ist.
Nein, Deinen Auftrag führe ich nicht aus,
Selbst wenn Du mich mit einem Speer durchbohrst
Empören wird ihn meine Kühnheit nur,

Drum überlege reiflich, was Du thust.
Und wenn der König Dich auch ziehen lässt,
Wird doch das ganze Heer dagegen sein,
Denn wenn Du fehlst, wächst unsrer Feinde Mut
Und mit dem Mute ihrer Arme Kraft.
Nein, wie ein Sperling nicht zum Habicht wird,
Wird auch Dein Wunsch nicht in Erfüllung geh'n.

Laut weinend rief jetzt Awtandil ihm zu:
Das Leben mir zu nehmen, zwingst Du mich!
Ich sehe Freundschaft ist Dir unbekannt,
Selbst anderer Freundschaft hast Du nie geseh'n.
Und wenn Du wirklich Freundschaft je empfandst,
Wie kannst Du von mir fordern, dass ich den,
Der mir so teuer ist, verlassen soll?
Schon für verloren hielt ich anfangs ihn,
Jedoch jetzt thut ihm' meine Hilfe not
Und wenn ich lindere sein Missgeschick,
Wird er erheitern meine Tage dann.
Was mir Genuss bereitet, was mich schmerzt,
Das alles weiss am besten ich allein.
Sprich, welchen Nutzen hat das Heer von mir,
Der ich von Schmerz gebeugt nur trauere?
Nein lieber will ich halten meinen Schwur
Und standhaft diese Prüfung übersteh'n.
Wer niemals selbst erfahren wahren Schmerz,
Begreift ihn nicht, wenn andere er bedrückt.
Drum rühren Dich auch meine Worte nicht,
Von denen jeder, wär' von Eisen er,
Zerschmelzen müsste wie das weichste Wachs.

O hilf, versag' mir Deinen Beistand nicht!
Vielleicht bedarfst Du einst des meinen auch.
Wenn er mit Güte mich nicht ziehen lässt,
Entflieh' ich, ohne, dass er es erfährt.
Ich weiss, er wird Dir nichts zu leide thun,
Wenn keinen andern Grund zum Zorn er hat.
Drum gehe hin und teil ihm alles mit,
Schreck' nicht vor seiner Ungnade zurück!

Hierauf erwiderte ihm der Wesir:
O Awtandil, auch mich brennt Deine Glut
Und Deine bittern Thränen schmerzen mich.
Gar oft ist es von Nutzen, wenn man spricht,
Jedoch auch schweres Leid bringt oft das Wort.
Mag mich vernichten auch sein Machtgebot,
Ich gehe hin und sag' ihm Dein Begehr.
Nach diesen Worten eilte er ins Schloss,
Doch als den König er erblickte, schwand
Sein Mut in einem Augenblick dahin.
Verzagt und wirr stand lange er vor ihm
Und seine Zunge schien gelähmt zu sein.
Als ihn der König trauernd vor sich sah,
Frug er sofort nach seines Kummers Grund.
O Herr, entgegnete ihm der Wesir,
Ich traure, denn die Botschaft, die ich bring',
Wird Dich mit Recht erzürnen gegen mich.
Die Trauer, die mein Angesicht Dir zeigt,
Zeigt Dir bei weitem nicht den schweren Gram,
Der peinigend mein Inneres erfüllt.
Zwar soll ein Bote immer mutvoll sein,

Jedoch bei dieser Botschaft zittre ich.
Um Urlaub bittet Dich Dein Awtandil,
Denn fern von jenem Jüngling ist die Welt
Nur freudenleer und ohne Reiz für ihn.
Mit Beben teilte er ihm alles mit
Und fügte noch hinzu: Ich kann Dir nicht
Mit Worten sagen, wie er traurig ist.
Nun zürne mir, denn ich verdiene es!

Die Farbe wechselnd sprang der König auf
Und schrie, dass alle vor ihm zitterten:
Unsinniger, wie hast Du das gewagt?
Wer von den andern hätte sich erkühnt
Mir mitzuteilen dieses bittre Wort?
Jawohl, der Böse trachtet stets zuerst,
Das zu erfahren, was von Übel ist.
Du kamst zu mir geeilt, als hättest Du
Mir zu berichten etwas Fröhliches,
Und doch könnst Du mir Schlimmeres nicht thun,
Wenn Du mir meuchlerisch das Leben nähmst.
Du Narr, wie hat zu diesem Narrenamt
Dir Deine Zunge nicht dem Dienst versagt?
Unfähig bist Du mein Wesir zu sein.
Wenn jener Blödsinn redete, so war
Es Deine Schuld und Pflicht ihn zur Vernunft
Zurückzuführen durch ein kluges Wort.
O hätt' ich doch verloren das Gehör,
Eh' diese Botschaft ich von Dir vernahm.
Wenn ich Dich umbring' jetzt für Deine That,
Geschieht's mit Recht, denn Du hast es verdient.

Ja, wärst Du nicht von jenem hergesandt,
Schlüg' ich mit eigner Hand den Kopf Dir ab.
Fort Unverschämter, fort, entferne Dich!
Mit Wut nahm einen Sessel er und warf
Ihn an die Wand, dass er in Stücke brach.
Ja, diamantenhart war jetzt sein Zorn
Und weinend schlich, verstohlen wie ein Fuchs,
Der Grosswesir zur Thür des Saals hinaus.
Kühn war er eingetreten und jetzt ging
Mit Scham und schweren Seufzern er davon.
Ja, unheilvoll ist oft des Menschen Wort,
Mehr schadet seinem Feinde nicht der Feind
Als sich der Mensch oft selber schaden kann.
Für meine Sünden konnte Gott, der Herr
Mich schwerer nicht bestrafen, rief er aus.
Ins tiefste Dunkel bin ich nun gestürzt
Und niemand zieht mich mehr ans Licht empor
Mag jeden treffen solches Ungemach,
Der aufrichtig zu seinem König spricht!

Betrübt kam der Wesir zu Awtandil
Und rief ihm zu mit Schmerz und Bitterkeit:
Wie soll ich aussprechen Dir meinen Dank
Für allen Mut, den Du mir eingeflösst
Und der ins grösste Unglück mich gestürzt?
Dann bat er ihn um das versprochne Gold,
Obgleich er heisse Thränen noch vergoss.
Verwundern muss es jeden, dass er noch
Bei solcher Trübsal an das Gold gedacht.
Es heisst, dass man sogar der Hölle Gunst

Sich durch ein Geldgeschenk erkaufen kann.
O wüsstest Du, wie er mir hat gezürnt!
Fuhr der Wesir mit lautem Seufzen fort.
So schwere Scheltworte warf er mir zu,
Dass ich entehrt nun vor den Leuten steh'.
Mich wunderts nur, dass er in seinem Grimm
Mich auf der Stelle nicht erschlagen hat.
Die Folgen meiner Kühnheit ahnte ich
Und wusste, welchen Fehltritt ich beging.
Das ist es auch, was mich so sehr betrübt,
Denn schweigend trüge ich mein schweres Leid,
Wenn dieser Schlag ein Werk des Schicksals wär'.
Doch mag auch noch so bitter sein mein Weh,
Dir, Freund, zu Liebe nehm' ich alles hin.

Hierauf erwiderte ihm Awtandil:
Aufgeben kann ich meinen Vorsatz nicht,
Denn ohne ihn find' ich hier nimmer Ruh',
Nein, lieber will ich in die Wildniss geh'n
Und mit den Tieren leben wie ein Tier,
Wie kann ich denn bei meinem Herzeleid
Des Amtes walten, wie er es verlangt?
Mehr nützt es, wenn man keinen Diener hat,
Als einen, welcher unzufrieden ist.
Doch höre zu! Vielleicht legt sich sein Zorn
Und er sieht ein, dass ich nicht bleiben kann.
Wenn nicht, so fliehe ich und er wird mich
Vielleicht Zeit seines Lebens nicht mehr seh'n.
Als er beruhigt hatte den Wesir,
Lud dieser ihn zu einem Schmause ein

Und schenkte ihm und seinem Dienertross
Der kostbarsten und schönsten Sachen viel.
Hierauf erhob sich Awtandil und sprach:
Gezeigt hast Du Dich mir als bester Freund
Und ich weiss nicht, wie ich Dir danken soll
Für alles, was Du heut' für mich gethan.
Wenn ich am Leben bleibe, will ich Dir
Mit allen Kräften meinen Beistand leih'n
Und stets als treuer Freund ergeben sein.

Wo find' ich Worte um den Herrlichen
Das Lob zu spenden, das nur ihm gebührt?
Er war gesetzt und ernst in Rat und That,
Und helfen sollte seinem Nächsten stets
Ein jeder so, wie er dem Nächsten half!

Awtandils Gespräch mit Schermadin vor seiner Flucht.

Zu Schermadin begann nun Awtandil:
Der heutige Tag mit Hoffnung mich erfüllt.
Und heute auch findst Du Gelegenheit
Zu zeigen, wie Du mir ergeben bist!
Wer ihrer Rede Sinn erfassen will,
Sei Zuhörer und Leser auch zugleich!
Er sprach: der König zürnt mir schwer
Und hat mein heisses Flehen nicht erhört,
Denn meinen Sehnsuchtsschmerz begreift er nicht.

Nicht in der Fremde noch zu Hause find'
Ich Ruhe, wenn der Freund mir ferne ist.
Kein Unrecht lässt der Schöpfer unbestraft
Und jeder, welcher seinen Freund verlässt,
Begeht ja eine schwere Missethat.
Wer seinen Freund liebt, soll ihm sein Gefühl
Bezeigen auf dreifache Weise stets:
Er soll oft gern in seiner Nähe sein,
Mit ihm freiwillig teilen Hab' und Gut
Und ihm zum Nutzen nie ein Opfer scheu'n.
Doch überflüssig ist ja jedes Wort.
Mir bleibt kein andrer Ausweg, als die Flucht,
Drum hör', so lange ich noch bei Dir bin!
Befolge treu, was ich an's Herz Dir leg',
Dien' unserm Könige gewissenhaft,
Bewahr mein Haus, sei meines Heeres Haupt
Und sei als Oberster so eifrig wie
Als Diener Du es stets gewesen bist!
Die Feinde zu bekämpfen, gebe Gott
Dir eine Kraft, die unerschöpflich ist!
Erzeug' den Treuen Deine höchste Gunst
Und züchtige die, welche untreu sind!
Wenn ich zurückkehr' soll Dir auch der Dank,
Den ich Dir schulde, nicht entgeh'n.
Glaub's, wahre Treue bleibt nie unbelohnt.

Als diese Worte Schermadin vernahm,
Fing bitter er zu weinen an und sprach:
Bezwingen wird mich bald der Sehnsucht Schmerz.
Drum nimm mich mit und ich will jeder Zeit

Dir helfen, wo Du meiner nur bedarfst.
Zu lange währte unsre Trennung schon,
Als dass ich sie ein zweites Mal ertrüg',
Und welcher Diener bleibt denn müssig steh'n,
Wenn seinen Herrn ein schwerer Kummer plagt?
Was kann ich denn Erspriessliches hier thun,
Wenn mir fortwährend um Dein Schicksal bangt?
Hierauf entgegnete ihm Awtandil:
Kein Bitten ändert die Notwendigkeit.
Ich glaube ja, dass Du mich herzlich liebst,
Jedoch so schwer ist dieser Augenblick,
Dass Deinen Wunsch ich nicht erfüllen kann.
Mein Haus vertrau' ich keinem andern an,
Denn hier ersetzen kannst Du mich allein.
Drum lass von allen weitern Bitten ab!
Sieh, ich muss von der Vielgeliebten fern
Allein umherzieh'n in der weiten Welt!
Ist meine Trennung denn nicht schwerer noch?
Das Meiden ist hier der Verliebten Loos
Und selten nur begünstigt sie das Glück.
So eingerichtet ist einmal die Welt.
Gedenke meiner und vergiss mein nicht,
Jedoch lass Dir nicht bange sein um mich!
Ich fürchte keines mächtigen Feindes Schwert,
Wenn ich mir selbst ein treuer Diener bin.
Ein wahrer Mann soll nie vor Gram vergeh'n,
Nie dergestalt sich beugen vor dem Schmerz,
Dass seine Herzensschwäche sichtbar wird.
Denk' nicht, dass ich von denjenigen sei,
Die schlechte Gurken sammeln! Nein für mich

Ist jedes Opfer, das dem Freunde gilt,
So leicht erfüllbar wie der kleinste Dienst.
Die, die mir über alles teuer ist,
Hat gut gebeissen meinen Herzensdrang.
Wenn ich vom eignen Haus mich trennen kann,
Trenn' ich mich leichter von dem Fremden noch.
Ich lass' Dir hier mein Testament zurück,
Dass ich für Rostewan geschrieben hab'.
Ich bitte ihn darin, er möge Dir
Stets zugethan wie einem Sohne sein.
Verzage nicht, wenn mich der Tod ereilt,
Thu' nichts, was Gott dem Herrn missfallen kann,
Jedoch beweine mich, wie es Dein Herz verlangt!

Awtandils Testament.

Er schrieb gefühlvoll diese Worte ihm:
O Herr, trotz Deiner Weigerung zieh' ich fort,
Um das zu suchen, was ich finden muss.
Ich kann nicht länger bleiben fern von dem,
Der ganz mein Herz mit seiner Glut erfüllt;
Verzeih' und gieb mir Deinen Segen mit!
Ich weiss, dass Du mein Unternehmen einst
Nicht mehr verdammen wirst, denn seinen Freund
Verlässt kein Mann, der gut und edel ist.
Gewiss sind Plato's Worte Dir bekannt:
Verrat und Lüge schädigen nicht nur
Den Körper, sondern unsre Seele auch.
Wie kann verlassen ich den Freund, da ja

Die Lüge aller Übel Anfang ist?
Was nützen uns die Weisheitslehren denn,
Wenn wir danach nicht handeln jeder Zeit?
Wir lernen, um zu nähern uns dem Geist,
Der von dem Himmel diese Welt regiert.
Was der Apostel von der Liebe sagt,
Hast Du gelesen, drum erwäge es!
Er preist der Liebe hehre Kraft und sagt:
So wie es wahr ist, dass die Glocke klingt,
Ist wahr es, dass die Liebe uns erhebt.
Der mich erschuf, der gab mir auch die Kraft
Die zu besiegen, die mir feindlich nah'n.
Ja, dieser mächtige, unsichtbare Geist,
Der aller Erdenwesen Helfer ist,
Der hehr als unsterblicher Gott regiert,
Verwandelt einen oft in hunderte
Und hunderte in einen einzigen.
Kein Werk gelingt, wenn nicht der Schöpfer hilft.
So wie das Veilchen ohne Sonne welkt,
Stirbt auch mein Herz ab, wenn ich fern von ihm.
Drum zürne nicht mehr und verzeihe mir,
Dass Deinen Wunsch, o Herr, ich nicht erfüllt!
Wie ein Gefangener ich machtlos bin
Und nur die Hoffnung, dass ich Tarýel
Noch glücklich mache, giebt mir Lebenskraft.
Nichts hilft der Gram Dir und vergeblich nur
Ist jede Thräne, die Du um mich weinst.
Was Gott beschlossen, bleibt nicht ungescheh'n,
Ertragen soll der Mensch sein Erdenlos,
Denn abändern lässt sich das Schicksal nicht.

Was mir bestimmt, wird sich an mir vollzieh'n
Und unversehrt kehr' ich zu Euch zurück.
An Ruhm reich werde ich Euch wiederseh'n,
Jedoch für mich ist's schon des Ruhms genug,
Wenn ich dem teuren Freunde helfen kann.
Mag ich zu Grunde geh'n, wenn je ein Mensch
Missbilligt, was ich unternehmen will.
Belügen kann ich nicht den besten Freund,
Denn schämen müsste ich mich ja vor ihm,
Wenn ich im Jenseits ihn einst wiederseh'.
Ich achte den, der seines Freunds gedenkt
Und hasse jeden, der sein Wort nicht hält.
Nein, nie verlass' ich jenen Herrlichen.
Was nützt dem Manne aller Edelmut,
Wenn er dort zaudert, wo er handeln soll?
Was taugt ein Mann, dem vor dem Kampfe bangt
Und der dem Tod nicht kühn entgegen geht?
Ist denn ein Feigling mehr wert als ein Weib,
Das seine Zeit zubringt am Webestuhl?
Den Tod hält auch der schmalste Pfad nicht auf.
Er macht uns alle gleich, die Mächtigen
Und Schwachen. Ohne Unterschied führt er
Zusammen alle in der Erde Schoss.
Ein ehrenvoller Tod ist vorzuzieh'n
Dem längsten Leben, das nur Schande bringt.
O Herr, nur ungern spreche ich davon,
Jedoch erwarten soll ein jeder hier
Zu aller Zeit den Tod, der Tag und Nacht
Und Freud' und Leid in eins zerrinnen macht.
Wenn ich Dich Herr, nicht mehr am Leben find',

— 167 —

Wird sich verdunkeln meiner Tage Licht.
Komm' ich auf meiner weiten Wand'rung um,
So sterb' ich einsam, unbeweint von Dir,
Den ich wie einen Vater stets geliebt,
Und keines treuen Freundes liebe Hand
Hüllt um den Körper mir das Leichentuch.
Nimm Dich, o Herr, da meiner Seele an
Und sei mein warmer Fürbitter bei Gott!
Gross ist mein Reichtum, wie Du selber weisst;
Gieb allen Hilfsbedürftigen davon,
Mach' meine Sklaven frei, beschenke auch
Die Wittwen und die Waisen uns'res Land's!
Was Du nicht selber brauchen kannst, vermach'
Den Waisenhäusern und den andern Teil
Verwend' zu Brückenbauten. Geize nicht
Und ehr' durch Wohlthaten mein Andenken!
Von heute an erfährst Du nichts von mir
Und dieser Brief bringt Dir mein letztes Wort.
Bet' oft zu Gott um meiner Seele Heil,
Denn ohne Dein Gebet verderbe ich.
Ja, sei mein Fürbitter und segne mich!
Gewähre meinem Schermadin den Trost,
Den er als mein Getreuester verdient!
Zu seinen Leiden hat in diesem Jahr
Sich noch ein überflüssiger Gram gesellt.
Das ist mein Testament, das ich für Dich,
O väterlicher Herr, geschrieben hab'.
Mit schwerem Herzen scheide ich von Dir,
Jedoch betrüb' Dich meiner wegen nicht
Und lege keine Trauerkleider an!

Er reichte Schermadin das Testament
Und sprach: Du, der Du unvergleichlich bist,
Geh', überbringe dies dem Könige!

Awtandils Gebet und Abreise.

Er betete und sprach: O Gott und Herr,
Der Du im Himmel und auf Erden bist,
Der Du uns Wohlfahrt giebst und Trübsal auch,
Du Unsichtbarer, Unaussprechlicher,
Herr aller Mächte, leihe mir die Kraft
Das zu ertragen, was die Leidenschaft
Mir noch an Pein und Qual beschieden hat!
O Herr des Himmels und der Erdenwelt,
Der Du der Urborn aller Liebe bist
Und unsern Herzen die Gesetze giebst,
Nach denen sich ihr ganzes Fühlen regt,
Lass nicht die Liebe schwinden aus dem Herz
Der Herrlichen, die ich verlassen muss!
O Gott, Du einziger Helfer in der Not,
Schütz' mich auf meiner weiten Wanderung,
Bewahre mich vor meiner Feinde Grimm,
Vor Sturm und Wetter auf dem fernen Meer
Und vor des bösen Nachtgeists Nachstellung!
Wenn ich am Leben bleibe, wird mein Mund
Hehr Deinen Namen preisen jeder Zeit!
Als er beendet hatte das Gebet,
Schwang er sich auf sein edles Ross und ritt
Ganz unbemerkt zum Thor der Stadt hinaus.
Hier trennte er sich bald von Schermadin,

Der traurig dastand wie ein Leidender.
Wie kann ein treuer Diener fröhlich sein,
Wenn er sich trennen muss von seinem Herrn?

An jenem Tage durfte Rostewan
Sich niemand nähern. Auch am nächsten war
Er noch verstimmt, als er vom Lager sich
Erhob und den Wesir ins Schloss beschied.

Rostewan erfährt Awtandils Flucht.

Als Rostewan den bebenden Wesir
Vor sich erblickte, sagte er zu ihm:
Ich weiss nicht mehr, wovon Du gestern sprachst.
Du hast mich schwer erzürnt und ich hab' Dich,
Den treuen Diener absichtslos verletzt.
Ich weiss nicht mehr warum ich dies gethan.
Die Weisen hatten Recht, die einst gesagt,
Dass Missmut stets des Grames Falle ist.
Sprich künftighin nichts ohne Vorbedacht,
Doch jetzt erzähl' mir alles noch einmal!
Schnell wiederholte alles der Wesir
Und Rostewan entgegnete hierauf:
Verhüte Gott, dass ich aus Deinem Mund
Noch einmal etwas Ähnliches vernehm'!
Betrübt ging der Wesir vom Könige fort
Um eiligst aufzusuchen Awtandil
Und als er dessen Abreise erfuhr,
Rief er: Um keinen Preis geh' ich ins Schloss,
Denn schon genug litt ich von seinem Zorn.

Mag hingeh'n, wer den Mut noch hat dazu!
Als lange nicht zurück kam der Wesir,
Ward Rostewan von Ungeduld gequält
Und sandte einen Boten aus nach ihm,
Jedoch auch diesem überkam die Furcht,
Als er erfuhr, dass Awtandil entfloh'n
Und zagend blieb er vor dem Thore steh'n.
Da schlich der Argwohn in des Königs Herz
Und schmerzlich sagte er: Ich sehe jetzt,
Dass der, der hundert überwinden kann,
Entronnen ist aus seines Vaters Haus.
Betrübt stand mit gesenktem Haupt er da
Und schien vom Schmerze übermannt zu sein.
Doch blickte er empor und rief:
Lauft hin und sagt dem Schufte von Wesir,
Er soll sofort erscheinen hier vor mir!
Verwirrt trat der Gesuchte bald herein
Und ihn erblickend fragte Rostewan:
Sprich, wo ist unser teurer Awtandil?
Er ist entfloh'n, die Sonne scheint nicht mehr
Und trübes Wetter haben wir fortan!
Versetzte der Wesir mit Herzeleid.
Erschüttert und vom Schmerze übermannt
Rief Rostewan die Hände ringend aus:
O Sohn, soll ich Dich nicht mehr wiederseh'n?
Wohin bargst Du Dein Angesicht vor mir?
Des Lebens Schätze hast Du noch, da Du
Dich auf die eigne Kraft verlassen kannst,
Jedoch der besten Kräfte bar bin ich
Und jetzt wird noch der schwersten Leiden Heer

Auf mich eindringen mit des Grimmes Wucht.
Vereinsamt bin ich nun und Gott nur weiss,
Wie sehr mich diese neue Trennung schmerzt.
O wann seh' ich Dich wieder, wie Du froh
Auf schönem Rosse von der Jagd heimkehrst?
Entschwunden bist Du mir und nirgends seh'
Ich Deine schlanke, herrliche Gestalt,
Nicht hör' ich Deine liebe Stimme mehr,
Die wie Gesang ein jedes Ohr ergötzt!
Was taugen Schloss und Thron mir ohne Dich?
Zwar weiss ich, dass Du nicht des Hungers stirbst,
So weit und lange Du auch wandern magst,
Da Dir Dein Bogen Speise stets verschafft,
Doch sage mir, wer mich beweinen wird,
Wenn ich verscheide, eh' Du wiederkommst?

Als jetzt das Volk des Jünglings Flucht vernahm,
Kam es in Haufen vor des Königs Schloss.
Die Grossen traten traurig in den Saal
Und riefen weinend: Unser Stern ist fort
Und alle sind ins Dunkel wir gestürzt.
Als Rostewan die Grossen kommen sah,
Begann er schmerzlich: Seht wie Awtandil
Uns wenig seine liebe Nähe gönnt!
Was haben wir dem Herrlichen gethan,
Dass er von neuem uns verlassen hat?
Wer wird jetzt meines Heeres Führer sein,
Da keiner seinen Feldherrngeist besitzt?
Geht hin und forscht in aller Eile nach,
Wer ihn begleitet auf der Wanderung!

Betrübt trat in den Saal jetzt Schermadin.
Er brachte Rostewan das Testament
Und sprach: In seinem Schlafgemache fand
Ich diesen Brief von seiner Hand. Allein
Und ohne Dienertross ist er entfloh'n.
Wenn Du mich umbringst, bin ich dessen froh,
Denn fern von ihm freut mich das Leben nicht!
Als vorgelesen ward das Testament,
Brach wieder alles Volk in Klagen aus
Und dann begann der König laut: Geht hin
Und macht bekannt, was ich Euch jetzt befehl':
Ein jeder lege Trauerkleider an,
Lasst ihm durch Witwen und Verlassene
Bei Gott den nötigen Erfolg erfleh'n!

Awtandil kommt zum zweiten Male zu Taryel.

Wenn von der Sonne sich der Mond entfernt,
Nimmt er an Glanz und Strahlenhelle zu,
Jedoch die Rose welkt sofort dahin,
Wenn sie die warme Sonne nicht bescheint.
Und so wacht auch in uns das Leiden auf,
Wenn uns die Nähe der Geliebten fehlt.
Mit bitterm Schmerz ritt Awtandil davon
Und schaute oftmals nach der Stadt zurück,
Wo seines Herzens teurer Schatz verblieb.
Mitunter blieb er steh'n und starrte hin,
Bis ihm ganz dunkel vor den Augen ward.
Dann ritt er wieder weiter, so verwirrt,
Dass er kaum sah, wohin das Pferd ihn trug.
Verflucht sei der, ruft er laut stöhnend aus,

Der ruhig bleibt, wenn er getrennt von Dir!
Ich hab' bei Dir gelassen die Vernunft,
Drum nimm mein vielgequältes Herz auch hin.
Nur Dich mein thränenfeuchtes Auge sucht.
Gut ist's, wenn sich das Herz dem Herz hingiebt,
Was kann mich freu'n bis ich Dich wiederseh'?
Gern brächte ich mich um mit eig'ner Hand,
Jedoch betrüben würde Dich mein Tod.
Drum will ich leben und durch Thränen mir
Erleichtern unserer Trennung schwere Zeit.
Zur Sonne hingewendet sagte er:
O hehres Licht, dass Du die Welt erhellst,
Dem die Gestirne alle unterthan,
Halt bis zur Rückkehr mir das Glück nicht fern!
O Sonne, die die alten Weisen einst
Verehrten als der höchsten Gottheit Bild,
Hilf mir, dem schwer Gefesselten, der ich
Dem Freund nachziehend durch die weite Welt
Des Herzens Teuerste verloren hab'!
Vor kurzem noch trieb es mich fort von ihr
Und jetzt bereue ich's, dass ich nicht blieb.
Wie eine Kerze schmolz er schmachtend hin
Und eilte dennoch weiter ohne Rast.
Wenn er der Sterne Heer am Himmel sah,
War er erfreut und seufzend sandte er
Den ewigen Lichtern manche Worte zu.
Zum blassen Mond aufschauend rief er aus:
O Himmelslicht, das Du mit Sehnsuchtsglut
Die Herzen aller Liebenden erfüllst,
Hilf mir und lass mich jene wiederseh'n,

Die schön ist wie Dein hehrer Strahlenglanz!
Er hatte gern die Nacht und harrte lang
An jedem Tag' des Sonnenuntergangs.
Wenn er an einen Bach kam, stieg er ab
Und schaute froh dem Wellenspiele zu.
Dann ritt er eiligst wieder weiter fort
Und nur wenn ihn der Hunger dazu zwang,
Blieb er in einer Felsengegend steh'n,
Erlegte mit dem Pfeile einen Bock,
Briet ihn am Spiesse und ritt nach dem Mahl
So eilig weiter wie ein Fliehender.

Oft stöhnte er vor tiefem Schmerz und rief:
Fern ist die Rose, die mich so entzückt
Und bange Sehnsucht wallt durch meine Brust.
Schwer ist's zu sagen, was er alles sprach,
Was er für Redeperlen fallen liess.
Beglückt sah endlich er die Felsenwand
Und ritt in Eile auf die Grotten zu.
Als Asmat ihn bemerkte, kam sie schnell
Entgegen ihm mit einem Freudenruf
Und sank dem längst Ersehnten an die Brust.
Ja, freudig pocht des Menschen banges Herz,
Wenn der Erwartete sich endlich zeigt.
Was macht Dein lieber Herr und wo ist er?
Begann nach der Begrüssung Awtandil,
Mit heissen Thränen sagte sie zu ihm:
Nach Deiner Abreise ist er entfloh'n,
Denn länger hier zu bleiben ward ihm schwer,
Seit jenem Tage sah ich ihn nicht mehr.

So wie ein Dolchstich traf ihn dieses Wort
Und seine Brust zerfleischend seufzte er:
O Schwester, solche Menschen sollten nie
Das Licht der Welt erblicken. Seinen Schwur
Hat er gebrochen ohne Schwierigkeit.
Warum gab er mir sein Versprechen denn,
Wenn er gewusst, dass er's nicht halten kann?
Schnell kam ich sehnsuchtsvoll zurück zu ihm
Und muss nun seh'n, dass ich vergessen bin.
Warum fiel ihm der Leiden Last zu schwer,
Da ich sie ja mit Mannesmut ertrug?
Doch mag es sein! Ich bin daran gewöhnt,
Dass mir das Schicksal seine Krallen zeigt.

O Bruder, Du hast recht! versetzte sie.
Ja, ich verstehe, dass Dich das betrübt,
Jedoch sag' an, ob ohne Willenskraft
Sein Wort zu halten wohl ein Mensch vermag?
Sahst Du denn nicht, dass er ganz willenlos
Und wirre seines letzten Tages harrt?
Vernunft und Wille sind Verbündete,
Die einzeln waltend gar nicht denkbar sind.
Ein Mensch, der seinen Willen eingebüsst,
Hat doch schon aufgehört ein Mensch zu sein.
Was er gelitten, weiss nur ich allein.
Dass Du ihm zürnst, begreif' ich allerdings,
Denn Du verliessest Deine Heimat ja
Um ihn zu finden, den Du Bruder nennst.
Jedoch Du würdest mildern Deinen Zorn,
Wenn Du gesehen hättest, wie er sich

Nach Deiner Abreise verändert hat.
Ich Unglückliche habe es geseh'n
Und deshalb fleh' ich Dich um Nachsicht an.
Von einem Leiden wie das seinige
Hat wohl bis heute noch kein Mensch gehört.
Selbst einen Stein muss schrecken solche Pein.
Jedoch es sei, dass Du nicht Unrecht hast,
In fremder Sache ist ja jeder klug!
Als er vor vielen Tagen mich verliess,
Hab' ich den Vielgepeinigten gefragt,
Was ich Dir sagen solle, wenn Du kommst.
Schick' ihn mir nach! erwiderte er mir.
Mag er mich suchen, denn ich geh' nicht weit
Und halte, was ich ihm versprochen hab'.
Ja, mein Versprechen halte ich,
Ich bleib', bis abgelaufen ist die Frist
Und wären meine Leiden noch so gross.
Sieht er mich tot, so grab' er mir ein Grab
Und wein' mir eine Schmerzensthräne nach,
Bin ich noch nicht gestorben, wenn er kommt,
Mag er bewundern meine Seelenkraft!

Seit seiner Flucht ward mir der Tag zur Nacht
Und bange seufzend weine ich um ihn.
Ich möchte sterben, aber selbst der Tod
Lässt auf sich warten und erlöst mich nicht.
Auf einem Steine eingegraben steht
In China, dieser schöne Weisheitsspruch:
Wer keinen Freund zu finden sich bemüht,
Der ist sich selbst der allerschlimmste Feind'.

Jetzt geh' und such' ihn oder such' ihn nicht.
Thu' das allein, was Dir als gut erscheint!
Nicht Unrecht hast Du, sagte Awtandil.
Ja, ich gesteh', mein Vorwurf war zu schwer.
Jedoch bedenke, was für einen Dienst
Ich ihm erweise! Denn der Heimat fern
Zieh' ich umher und such' ihn wie ein Hirsch,
Der Wasser suchend durch die Felder irrt.
Verlassen habe ich die Herrliche,
Bevor ich noch des Herzens Drang gestillt,
Und durch die kühne unerlaubte Flucht
Mir zugezogen meines Königs Zorn.
Anstatt mich seiner Gnade zu erfreu'n
Hab' ich beunruhigt sein gutes Herz.
Jawohl, gebrochen habe ich die Treu'
Dem liebevollen, vatergleichen Herrn,
Dem Gott noch niemals seine Gunst entzog
Und der mildthätig wie kein andrer ist.
Verlassen hab' ich alles und erwart'
Nach diesem Treuebruch keine Gnade mehr.
Nur ihm zu Liebe hab' ich das vollbracht,
Nur ihm zu Liebe ritt ich Tag und Nacht
Und stehe nun enttäuscht und ratlos da,
Denn er, dem meine lange Irrfahrt galt,
Ist wie vor einem Feind vor mir entfloh'n.
Doch mag es sein, o Schwester, länger kann
Ich hier nicht warten in Unthätigkeit.
Ich will ihn suchen, selbst wenn ich dabei
Umkommen sollte. Keine Klage hilft,
Wo das Verhängnis uns gefesselt hält.

Bei diesen Worten wandte er sich um
Und ritt fort aus der Schlucht aufs offne Feld,
Wo ihm ein frischer Wind die Wangen strich.
O Schicksal, rief er schmerzlich seufzend aus,
Warum hast Du mir solchen Gram beschert?
O Gott, Allwissender, was habe ich
Verbrochen, dass Du mich von denen trennst,
Die mir hier über alles teuer sind?
Ich einer denke gramerfüllt an zwei
Und gern geh' ich für beide in den Tod,
Wenn ich erfüllt hab' meine heilige Pflicht.
O Schicksal, wenn du diesen mir entreiss'st,
Bringt mir das Leben keine Freude mehr,
Denn keinen andern halte ich für wert
Der warmen Freundschaft, die mein Herze nährt.
Doch wozu gräm' ich mich, da ja der Gram
Den Schmerz verschlimmert, aber nimmer heilt!
Nein, besser ist's, ich harr' geduldig aus!

Drei Tage suchte er ihn ohne Rast,
Drei Tage ritt er suchend weit umher
Durch Schluchten, Wälder, Feld und Flur
Und fand doch nirgends seines Freundes Spur.
Er spricht: O Gott, was habe ich gethan,
Dass Du mir diese Strafe auferlegst?
O Herr, üb' doch Barmherzigkeit an mir,
Kürz' meine Tage ab, nimm mich von hier!
Dies sagend ritt er weiter fort und kam
Auf einen Hügel und von ·hier aus sah
Er Taryels Ross vor einem Walde steh'n.

Da ist er! rief er freudetrunken aus.
Fast hörbar fing sein Herz zu pochen an,
Die blassen Wangen wurden rosenrot
Und heiter strahlten seine Augen auf.
Schnell wie ein Sturmwind ritt er auf ihn zu,
Jedoch bald schwand sein kurzer Freudenrausch,
Als er den Freund erblickte. Regungslos
Lag dieser mit zerrissnem Kragen da.
Am Kopfe hatte eine Wunde er
Und schien dem Lebensende nah zu sein;
Auf seiner Seite lag sein blutiges Schwert
Und eines Löwen Leiche, während rechts,
Dicht neben ihm, ein toter Tiger lag.
Von weitem schon rief Awtantil ihn an,
Jedoch vergeblich war sein Rufen nur,
Denn jener schwieg wie ein Verstorbener.
Da stieg er ab und eilte hin zu ihm.
O jetzt gilt es, dem Freund ein Freund zu sein
Er wischte ihm die kalten Thränen ab,
Umarmte ihn und sagte liebevoll:
Erkennst Du denn nicht Deinen Awtandil,
Der seinem Schwure treu, Dir helfen will?

Nicht einen Laut gab Taryel von sich
Und lag wie eine Leiche regungslos.
Als er dann endlich wieder zu sich kam
Und ihn erkannte, sank er tief gerührt
Ihm an die warme Brust und küsste ihn.
Er sprach: Gehalten habe ich mein Wort,
Mein Auge hat Dich noch einmal geseh'n.

12*

Jetzt überlass' mich meinem schweren Gram
Bis endlich mich der Tod davon erlöst,
Jedoch grab' mir ein Grab und bett' mich ein,
Damit kein Raubtier meinen Leib zernagt!
Was ist Dir denn? versetzte Awtandil.
Warum willst Du Dich selbst dem Tode weih'n?
Giebt es denn einen Menschen in der Welt,
Der nicht der Liebe Glut und Schmerz empfand?
Was Du thust, hat noch nie ein Mensch gethan.
Warum ergiebst Du Dich dem Satan ganz
Und ziehst den Tod, der fern noch ist, herbei?
Wenn Du verständig bist, weisst Du auch das,
Worüber alle Weisen einig sind:
Ein wahrer Mann soll niemals weiblich sein,
Im Unglück soll er stark sein wie ein Fels
Und mutig hemmen seiner Thränen Lauf.
Du bist verständig und vermagst doch nicht
Zu handeln nach der Weisen Satzungen,
Irrst weinend in der Wildnis hin und her
Und giebst doch Deinen Herzensdrang nicht auf.
Durch Menschenhass erreichst Du nimmermehr
Das Glück, um das Du bittre Thränen weinst.
Verbinde nicht den Kopf, wenn er nicht schmerzt,
Und reisse nicht vernarbte Wunden auf!
Zeig mir doch einen Menschen, den die Glut
Der Liebe nicht gepeinigt hätte, der
In seinem Leben stets nur Glück geseh'n!
Dein Los ist auch der andern Menschen Los,
Drum ruf' verzweifelnd nicht den Tod herbei,
Weil Dich das Missgeschick nicht meiden will.

Frag' doch die Rose, die so herrlich prangt,
Warum ihr die Natur die Dornen gab!
Sie wird Dir sagen: Dornenvoll muss stets
Der Pfad sein, der zum Angenehmen führt,
Denn alles, was leicht zu erlangen ist,
Verliert gar bald hier seinen Reiz und Wert.
Jawohl, kein wahres Glück giebt es für den,
Der nicht vorher ein Missgeschick erfuhr.
Nie ist das Gute von dem Schlimmen frei.
Drum grolle nicht der Welt, weil sie Dir nur
Das bietet, was in ihrem Wesen liegt.
Jetzt hör! Besteig' Dein Ross und wohlgemut
Woll'n wir verlassen diesen öden Ort!
Folg' niemals allzu sehr dem Herzensdrang,
Nein, sträub' Dich gegen ihn mit aller Kraft'
Ich sag' dies' nur, weil es mir besser scheint.
Denk' nicht, dass ich Dich überreden will.

O Bruder, sprach jetzt Taryel zu ihm,
Du siehst, dass ich die Zunge kaum beweg'
Und obendrein fehlt mir die Seelenkraft,
Das anzuhören, was Du mahnend sagst.
Warum scheint Dir mein Leiden denn so leicht?
Wie kann ein Mann denn leben ohne die,
Der er mit ganzem Herzen angehört?
Bedenke doch, wie süss die Wonne ist,
Wenn er ihr naht und sie entgegen kommt,
Wenn er sein Herz durch ihren Schmerz betrübt
Und es durch ihre Freude dann beglückt!
Hör' gern den Rat von hundert Menschen an,

Jedoch folg dem nur, den Dein Herz Dir giebt!
O hör' mich an! Die Wahrheit sag' ich Dir.
Ich lieg im Sterben, drum verlasse mich!
Und selbst, wenn ich noch länger leben soll,
Nütz' ich Dir nichts, da mich der Wahnsinn plagt
Und sich mein Geist von mir getrennt schon hat.
Was Du von mir verlangst, versteh' ich nicht.
Geh', überlass' mich meiner Raserei,
Der bald der Tod ein Ende machen wird!
Längst ist das Leben eine Last für mich
Und gern geh' ich entgegen jener Nacht,
In die schon lange starrt mein trüber Blick.
Du sprichst von Weisheit. Sag' mir, wie kann ich,
Der ich dem Wahnsinn nah' noch weise sein?
Nein Freund, die Überlegung ist mir fremd,
Da die Geduld mir ja entschwunden ist.

Hierauf erwiderte ihm Awtandil:
Wenn mich die Lebenskraft nur nicht verlässt,
Wird meine Rede Dir von Nutzen sein.
Nur Schaden bringt der lange Trübsinn Dir,
Drum gieb ihn auf und mach Dich an die That!
Vergeblich waren diese Worte auch,
Da Taryel nicht zu bewegen war.
Drum rief er endlich ungeduldig aus:
Weil Du mein Wort Dir nicht zu Herzen nimmst,
So will ich Dir nicht länger lästig sein.
Ja, wenn Du lieber sterben willst, so mag
Die Rose welken, die verwelkbar ist!
Nur eine Bitte hab' ich noch an Dich.
Sieh' aus Arabien komme ich zu Dir,

Aus jenem Lande, dessen Töchter schön
Und reich an Reiz und seltner Anmut sind.
Erzürnt hat meinen König meine Flucht
Und wenn Du mich auf immer von Dir stöss'st,
Wo finde ich im Leben dann noch Trost?
Ja, lass' mich nicht mit schwerem Herzen zieh'n
Und neig' Dich willig meinem letzten Wunsch!
Besteig Dein Ross, damit ich einmal noch
Mich ganz an Deiner Schönheit weiden kann.
Dann will ich Dich verlassen, wenn Du's wünschst.
Besteig' Dein Ross! bat er ihn inniglich,
Da er ja wusste, dass ein kurzer Ritt
Den Freund zerstreuen und mit Heiterkeit
Sein Herz erfüllen würde. Taryel
Ging ohne langes Zaudern darauf ein
Und bat ihn nur zu bringen ihm sein Ross.
Erfreut erfüllte er schnell seinen Wunsch,
Half ihm aufs Ross und munter ritten sie
Langsamen Schrittes eine Strecke fort.

Bald fand jetzt Taryel Erleichterung
Und heiter plaudernd scheuchte Awtandil
Die Trauer, die auf seiner Seele lag.
So heiter war stets seiner Rede Klang,
Dass sie den Greisen selbst zu Herzen drang.
Als er, der Helfer der Vernünftigen,
Der Lebensspender der Verzagenden,
Bemerkte, dass des Freundes Trauer schwand,
Begann er plötzlich wie von ungefähr:
Sag', ist denn Nestans Armspange, von der
Du Dich im Leben nicht mehr trennen willst

Dir wirklich über alles lieb und wert?
Wie sag' ich Dir, was schwer zu sagen ist?
Versetzte Taryel. Ich schätze sie
Viel höher als die Welt, als Land und Meer.
Doch sage mir, was fragst Du mich danach?
Was man nicht hören will und dennoch hört,
Ist noch viel bittrer als das Bitterste.

Erwartet hab' ich diese Antwort ja,
Sprach Awtandil. Nun sag', ob Asmat nicht
Viel mehr Anhänglichkeit von Dir verdient?
Dass Du das Schlechte wählst, gefällt mir nicht.
Vom Armband, diesem toten Gegenstand,
Willst Du Dich nimmer trennen, während Du
Mit leichtem Herzen Dich von Asmat trennst,
Die, die Vertraute Deiner Teuren war
Und die Du selber Deine Schwester nennst.
Sie war es ja, die Dich zu ihr geführt,
Ja, die, die ihr zu Liebe so viel litt,
Verlässest Du. Ist das Gerechtigkeit?
O Du hast recht! entgegnete Taryel.
Mich dauert Asmat, der um Nestan bangt
Und die fortwährend meine Leiden schaut.
Ich glaubte schon, es wäre aus mit mir,
Jedoch Du hast mir Lebensmut verlieh'n
Und gern kehr' ich mit Dir zurück zu ihr,
Sei's auch, dass ich noch wie von Sinnen bin.

Ganz ihm ergeben, folgte er ihm jetzt.
O Wunder thut oft die Beredsamkeit
Und wahr ist es, dass ihre Zauberkraft

Selbst Schlangen aus den finstern Höhlen lockt.
An seiner Seite reitend sagte Awtandil:
Für Dich bin ich zu sterben selbst bereit,
Jedoch auch Du verschliess' mir nicht Dein Herz,
Weck' nicht den Schmerz, der eingeschlummert ist!
Folg' der Vernunft, die Dich zum Heile führt.
. Was nützt Dir denn der Weisheit grösster Schatz,
' Wenn Du sie nimmer zur Anwendung bringst?
Nichts hilft der Gram. Du weisst ja selbst sehr gut,
Dass ohne Gottes Willen nichts geschieht.
Sieh, selbst die zarte Rose stirbt noch nicht,
Wenn ihr drei Tage auch die Sonne fehlt.
' Versuche noch einmal Dein Glück, o Freund!
Vielleicht steht Dir der Himmel gnädig bei.

Und jener spricht: O über alles wert
Sind Deine Lehren mir. Sehr gerne hört
Der Kluge einem klugen Lehrer zu
Und nur der Thor verschliesst sein Ohr vor ihm.
Jedoch der Schmerz vernichtet die Geduld.
Du kennst mein Leid und deshalb wundr' ich mich,
Dass ich aus Deinem Munde dies vernehm'.
So wie das Wachs in jedem Feuer schmilzt,
Weil es empfänglich für die Wärme ist,
So sollte auch Dein Herz empfänglich sein
Für alles, was das meinige bewegt.
Erzählen will ich Dir, was mir gescheh'n
Und dann erwäge es mit ruhigem Sinn!
Ich harrte Deiner, aber bald verlor
Ich die Geduld und um mich zu zerstreu'n,

Verliess ich meine Grotte und ritt fort
Aufs weite Feld, wo hell die Sonne scheint.
Als ich hierher auf diese Wiese kam
Erblickte ich ein stattlich Raubtierpaar,
Ein Löwe war's und eine Tigerin,
Die wie zwei Liebende sich schmeichlerisch
Entgegen kamen. Aber bald entspann
Sich zwischen beiden ein gar heisser Kampf.
Mit ihren schweren Tatzen schlugen sie
In wildem Grimme auf einander los.
Das Weibchen floh, wie es der Weiber Art,
Jedoch der Löwe folgte ihr mit Wut.
Sein schnöder Übermut missfiel mir sehr
Und ich rief aus: Warum bedrängst Du sie,
Warum misshandelst Du die, die Dich liebt?
Erzürnt ritt ich ihm nach und spaltete
Mit einem starken Hiebe seinen Kopf.
Das Schwert wegwerfend stieg ich dann vom Ross,
Fing mit der kräftigen Hand die Tigerin
Und wollte zur Erinnerung an die,
Die mich bis heute noch mit Glut erfüllt,
Sie küssen, aber grimmig bohrte sie,
Mir ihre scharfen Krallen in die Hand.
Vergebens nur beruhigte ich sie
Und warf sie endlich, übermannt vom Schmerz
An einen Stein und es war aus mit ihr,
Mit schwerem Weh gedachte ich dabei
Des bittern Streites mit der Herrlichen.
Jetzt weisst Du also, was mich niederwarf.
Das Leben ist mir eine schwere Last,

Da ich geschwächt an Geist und Körper bin,
Jedoch der Tod will sich mir noch nicht näh'n.

Tarycl und Awtandil kehren in die Grotte zurück.

Verzage nicht, zerreisse nicht Dein Herz!
Sprach Awtandil. Trotz Deines Missgeschicks
Harr' aus und zweifle an der Zukunft nicht!
Wenn es des Schöpfers Wunsch gewesen wär'
Euch nimmer zu vereinen, hätte er
Nicht Dich zu ihr und sie zu Dir geführt.
Ein Mensch, der liebt, entgeht dem Grame nicht,
Jedoch, wenn er ihn überwunden hat, wird ihm
Sodann das grösste Erdenglück zu teil.
Die Liebe ist nicht leicht und bringt gar oft
Den, dem ins Herz sie dringt, dem Tode nah'.
Sie peinigt den Erfahrenen und macht
Den Unerfahr'nen an Erfahrung reich.
So redend kamen sie zur Grotte hin.
Als Asmat sie erblickte, jauchzte sie
Und weinte Freudenthränen: Gott sei Dank!
Rief sie, den Blick gen Himmel richtend, aus.
Ja, Dank sei Dir, allmächtiger Herr der Welt!
Kein Menschenmund spricht aus das hehre Lob,
Das Dir o Ewiger, von uns gebührt.
Du spendest uns so reich des Lebens Hauch
Wie Deine Sonne uns mit Licht beschenkt!
O wie soll ich Dich preisen, dass Du mir
Das Trennungsleiden überstehen halfst?

O teure Schwester! sagte Taryel.
Für einst genossne Freuden muss der Mensch
Gar oft vergiessen eine Thränenflut.
Das ist ein längst bekanntes Weltgesetz.
Nur Dir zu Liebe trag' ich dieses Joch,
Denn sonst wär' eine Freude mir der Tod.
Ein Thor ist der, der wenn der Durst ihn quält,
Das Wasser, das ihn retten kann, vergiesst.
Weh' mir, dass jene Rose elend stirbt,
Die mir im Glückeslenze aufgeblüht!
Bei diesen Worten rief auch Awtandil:
Wie kann ich ruhig atmen ohne Dich?
Ich bin jetzt fern von Dir und deshalb ist
Des Lebens höchster Reiz entfloh'n.
O wüsstest Du, wie mich nach Dir verlangt,
Wie Tag und Nacht der Sehnsuchtsschmerz mich plagt
Die Rose wird zum zweitenmal nicht frisch,
Wenn sie verwelkt ist von des Nordwinds Hauch,
Jedoch für uns ist noch nicht alles hin,
Wenn auch die Sonne heute untergeht.
Jawohl, mein Herz, sei standhaft wie ein Fels,
Verzage nicht, ergieb Dich nicht dem Schmerz
Und hoffe auf ein frohes Wiederseh'n!

Beruhigt traten, schweigend sie sodann
Mit Asmat in die dunkle Grotte ein.
Sie breitete ein Tigerfell dort aus,
Die beiden Freunde setzten sich darauf
Und plauderten nun ohne Bangigkeit.
An einem Spiesse röstete sie schnell

Schmackhaftes Wildpret und das Mahl begann,
Das karg nur war und keinem Schmause glich.
Nur wenig Taryel davon genoss,
Da ihn der weissen Zähne Kraft verliess.

Gar angenehm ist jedes heitre Wort
Und Nutzen bringt's, wenn man's zu Herzen nimmt,
Denn leichter wird davon der schwerste Gram.
Ja, wer dadurch sich Linderung verschafft,
Der spreche viel und gern von seinem Leid!
Beisammen sassen sie die ganze Nacht
Und plauderten von ihrem Missgeschick.
Am nächsten Tage wiederholten sie
Nach langer Unterhaltung ihren Eid
Und Taryel begann: Nur Gott allein
Kann Dir vergelten Deinen Liebesdienst.
Ja, mit Bewusstsein, nicht im Freudenrausch,
Hast Du Dein mir gegeb'nes Wort erfüllt
Und nah' und ferne Deines Freund's gedacht.
Hab' Mitleid jetzt mit mir und schone mich!
Die Glut, die mich verzehrt, ward nicht entfacht
Mit Stahl und Feuerstein und nimmermehr
Kannst Du sie löschen, die nicht löschbar ist.
Nein, eher noch vernichtet sie Dich selbst.
Drum kehr' zurück zu Deiner Herrlichen!
Ja, selbst für den, der mich erschaffen hat,
Ist meine Heilung keine leichte That
Und deshalb treibt der Wahnsinn mich umher.
Einst lenkte meine Thaten die Vernunft,
Jedoch jetzt ist mein Geist in Nacht gehüllt.

Was soll ich Dir erwidern auf Dein Wort?
Sprach Awtandil. Du brachtest selber mich
Auf den Gedanken, der des Weisen wert.
Wie sollte Gott nicht heilen jeden Schmerz,
Da er ja selbst erhält, was er erschuf?
Sag', warum hätte er die Liebe denn
In Eurem Herzen angefacht, wenn er
Die ewige Trennung Euch vorher bestimmt?
Nein, glaube mir, der Liebenden Geschick
Ist oft dem Spiel des Zufalls ausgesetzt.
Der ist kein Mann, der nicht sein Leid erträgt
Und sich ihm ohne Widerstand ergiebt.
Hab' keine Furcht, denn Gott ist freigebig,
Wenn auch die Welt mit ihren Gaben geizt.
Hör' meinen Rat mit offnem Ohre an,
Denn nur ein Thor verschliesst dem Freund sein Ohr.
Verlassen hab' ich meine Herrliche
Um Dir nach Kräften beizusteh'n, o Freund!
Ich sagte ihr: Da jener Trauernde
Mein Herz in Asche fast verwandelt hat,
Taug' ich jetzt zum Genuss der Freuden nicht.
Drum lass' mich zieh'n und halt' mich nicht zurück
Dein Edelmut und Deine Tapferkeit
Beglückt mich hoch! erwiderte sie mir.
Ja, geh' und alles, was Du für ihn thust,
Rechn' ich Dir an, als sei's für mich gescheh'n.
Du siehst also, dass sie mir beigestimmt.
Nicht wie ein Trunkner zog ich fort von ihr
Und komme ich jetzt fruchtlos wieder heim,
Muss ich vor ihr vergehen ja vor Scham.

Wenn Du Dir selber nicht mehr helfen willst,
So helfe mir doch wenigstens! Stets soll
Der Freund dem Freunde seine Hilfe weih'n.
Bleib' wie Du bist mit Deiner Sehnsuchtsglut,
Jedoch verzage nicht und halte aus,
Bekämpfe mutig Deinen Herzensgram!
Nur eine Bitte habe ich an Dich.
Gewähr' mir eine einjährige Frist,
Denn suchen will ich jene, die Du liebst
Und kehr' in einem Jahr hierher zurück,
Wenn frühlingsfrisch die Rosen wieder blüh'n.
Erbebe Du, wenn diese Zeit erscheint,
Wie vom Gebell der Hunde man erbebt.
Wenn ich nicht komme, wisse, dass mich schon
Erreicht der Pfeil, dem noch kein Mensch entging.
Beweine mich, wie man den Freund beweint,
Füg' Deinem Schmerz auch diesen Schmerz noch bei!

Ich sprach genug! versetzte Taryel.
Vergeblich waren meine Worte nur.
Wenn Dir der Freund nicht folgt, so folg' Du ihm
Und wiederstreb' nicht seinem Herzenswunsch.
Am Ende kommt doch alles an den Tag
Und Du erfährst, wie schwer mein Leiden war.
Was Du verlangst, gewähre ich Dir gern.
Ich will hier warten, sei's auch noch so schwer.
Doch sage mir, o Freund, was soll ich thun,
Wenn mich die Sehnsucht wieder übermannt?

Als dann beschlossen war ihr Zukunftsplan,

Bestiegen sie die Rosse, ritten froh
Hinaus aufs Feld und mit gewandter Hand
Schoss jeder einmal seinen Bogen ab.
Dann kehrten in die Grotte sie zurück
Und ihre Herzen, die schon oft der Gram
Erschüttert hatte, wurden wieder krank,
Als nahe kam der Trennung Augenblick,
Ihr, die ihr leset dieses Dichterwerk,
Beweint auch ihr die armen Scheidenden!
Das Herz verzagt, wenn ihm das Liebste fehlt
Und schwer ist zweier Freunde Trennungstag.
Als vor dem Morgen schon die Nacht entfloh,
Stieg Awtandil und Taryel zu Ross.
Gar heisse Thränen weinten sie dabei
Und lange schaute Asmat ihnen nach,
Als sie, den Löwen gleich an Kraft und Mut
Fort zogen auf der wilden Tiere Spur.
O Löwen, rief sie, wessen Mund vermag
Euch zu besingen, wie ihr es verdient!
Versengt hat euer Herz der Sonne Glut!

Zusammen ritten beide Jünglinge
An jenem Tage bis zum Meere hin.
Hier ruhten sie von ihrer Reise aus
Und unterhielten sich die ganze Nacht
Mit Trauer über das Beschlossene.
Und Awtandil begann zu Taryel:
Warum hast Du Dich von Pridon getrennt
Da Du durch ihn ja Kunde haben kannst?
Begeben will ich mich zu ihm, der Dir

Geschworen stets ein treuer Freund zu sein.
Drum zeige mir den Weg, der zu ihm führt!
Mit schwacher Stimme sagte Taryel:
Gen Morgen reit am Meeresufer hin
Und findst Du ihn, so teil ihm alles mit,
Was Du von Deines Freundes Schicksal weisst.
Dann schossen sie am Ufer einen Bock,
Bereiteten ein karges Nachtmahl zu,
Jedoch vor Trauer assen sie nicht viel
Und sassen plaudernd bis die Nacht entwich.
Verräterisches Schicksal, sei verflucht,
Weil Du bald freigebig, bald geizig bist!

Als schon der Tag anbrach, umarmten sie
Einander herzlich und gar lange Zeit
Lag weinend einer an des andern Brust.
O traurig war ihr letztes Abschiedswort!
So schieden sie mit schwerem Herzensweh.
Der eine ritt am Meer gen Morgen hin,
Der andre nahm gen Abend seinen Weg,
Fort über Wiesen ohne Pfad noch Steg.
So lange sich die Scheidenden noch sah'n,
Verstummten auch die Abschiedsrufe nicht.

Awtandil begiebt sich zu Pridon nach Mulghasansari.

O Welt, was bist Du, dass Du mitleidslos
Uns Menschen wie ein Blatt im Winde drehst?
Wer Dir vertraut, bereut es ewiglich,

Rustaweli, Der Mann im Tigerfelle.   13

Wie ich es jetzt mit schwerem Herzen thu'.
Von einem End' zum andern treibst Du uns,
Hier reiss'st Du unsre Lebenswurzel aus
Und pflanzest sie am andern Ende hin.
Jedoch der Herr verlässt den Menschen nicht,
Den Du, o böse Welt, verlassen hast!
Laut stöhnte nach dem Abschied Awtandil,
Dass seine Stimme bis zum Himmel drang.
Bekümmert dachte er an Tinatin
Und seiner Wangen Rose welkten hin.
Den Tod bekämpfend sprach er Mut sich zu
Und rief: Umnachtet bin ich überall,
Wo Du, o hehre Sonne, mir nicht scheinst!
Laut seufzend ruft er jetzt die Sonne an:
Ich fleh' zu Dir, o mächtige Siegerin,
Die Du erhöhst, was klein und niedrig ist,
Die Du, die Könige mit Glück beschenkst,
O trenn' mich nicht von meiner Herrlichen!
Halt fern die Nacht von meinem Lebenstag!
Sual, [4]) vergrössre meiner Thränen Flut,
Färb' schwarz mein Herz, hüll' mich im Dunkel ein.
Wie einem Esel lade Gram mir auf!
Sag' ihr: Verlass' ihn nicht, denn er ist Dein
Und weint in banger Sehnsucht nur um Dich!
Muschtar, [5]) üb' Du Gerechtigkeit an mir,
Sei mein Verteidiger, wenn ich's verdien'
Und heile meines Herzens bittern Schmerz!
Marich, [6]) verwunde mich mit Deinem Spiess,
Benetze mich mit meinem eignen Blut,
Erzähl' ihr meine schwere Herzenspein,

Denn Dir ist ja mein Leiden wohl bekannt.
Komm Aspiros[7]) und steh' mir Armen bei
Die schöne, zwischen deren Lippenrot
Ein Doppelband von Perlenzähnen blinkt,
Hat meine Brust mit Liebesglut erfüllt.
Gern leihst den Schönen Deine Reize Du
Und mich hast Du dem Untergang geweiht.
O Otarid,[8]) Dein Schicksal meinem gleicht,
Die Sonne hält Dich fest und zieht Dich an
Und lässt Dich kreisen nur in ihrer Bahn.
Schreib' nieder meines Unglücks lange Mähr!
Als Tinte diene Dir mein Thränenmeer
Und Deine Feder mag ich selber sein!
Komm Mond, erbarm' Dich meiner, sieh', ich teil
Dein Schicksal und nēhm' zu und ab wie Du,
Bald füllt die Sonnenschöne mein Gesicht,
Bald nimmt sie mir die Wangenfülle fort.
Erzähle ihr mein schweres Sehnsuchtsleid,
Sag' ihr, dass ich dem Wahnsinn nahe bin!
Jawohl, euch sieben Himmelslichter fleh' ich an,
Dich helle Sonne, Otavid, Muschtar,
Sual, Dich Mond, Aspiros und Marich,
Ihr alle seht, was ich zu leiden hab',
Drum sagt es ihr, die in der Ferne weilt!
Zum Herzen spricht er dann: Dein Gram ist schwer,
Jedoch ganz eitel ist Dein Bangen nur.
Wohl weiss ich, dass der Vielgeliebten Haupt
Das schönste Haar in üppiger Flut umwallt
Und dennoch trage ich die Schmerzenslast.
Leicht zu ertragen ist die Freude nur.

13*

Ja, harre aus! ruft er sich munter zu,
Vielleicht harrt Deiner noch das Wiederseh'n!
Nicht unaufhörlich klagen soll der Mensch!
Ein Lied stimmt er mit süsser Stimme an,
Bei der des Bulbuls Stimme klanglos war.
Die Tiere näherten sich ihm entzückt,
Ja, selbst die Steine lockte an sein Lied
Und jedes Wesen trauerte mit ihm,
Wenn einen Seufzer seine Brust ausstiess.

Awtandil gelangt zu Pridon.

Am Meeresufer ritt er trauernd hin.
Nach siebzig Tagen sah er Schiffer nah'n
Und fragte sie: Wer seid ihr, wem gehört
Dies Königreich? Wem ist es unterthan?
Sie sagten: Schöner Jüngling, uns gefällt
Gar sehr Dein Antlitz und Dein schlanker Wuchs,
Drum komme her zu uns mein lieber Gast!
Bis hierher geht der Türken grosses Reich
Und nebenan das Land Pridons beginnt,
Dem wir hier alle unterthänig sind.
Der König dieses Landes ist Pridon,
Ein wackrer Jüngling, der viel Gutes thut,
Der seltne Kraft und grossen Mut besitzt.
Unüberwindlich ist der Herrliche
Und sonnenhell ist seiner Hoheit Glanz.
Geliebte Brüder, sagte Awtandil,
Zu guten Menschen hat mich Gott geführt.

Ich suche euren König, drum zeigt mir
Den Weg, auf welchen ich ihn finden kann!

Vom Ufer fort geleiteten sie ihn
Und sagten: Siehe, dieser Weg führt hin
Nach Mulghasansari, wo unser Herr,
Der weit berühmte Heldenjüngling wohnt.
Zehn Tagereisen hast Du noch vor Dir,
Du Pappelschlanker, Rosenwangiger!
Doch sag', o Fremdling, warum hast Du uns
Mit Deiner Schönheit so das Herz berückt?
Er sprach: O Brüder, sehr erstaunt bin ich,
Dass ihr die Rosen noch bewundern könnt,
Die längst versehrt schon hat des Winters Reif.
O hättet ihr mich damals doch geseh'n,
Als ich noch keine Fesseln trug und frei
Und immer munter wie ein Vogel war.
O damals strahlte ich wie Sonnenschein
Und wer mein Antlitz sah, der freute sich.

Nach diesen Worten ritt er weiter fort,
Der Pappelschlanke, Felsenherzige.
Mit Sicherheit er sich im Sattel wiegt
Und heller wird es ihm in Herz und Sinn.
Den Zornesblitzen seiner Augen folgt
Ein Thränenregen, der die Wangen netzt.
Wer auf dem Wege ihm entgegen kommt,
Dient ihm mit Freuden und nur ungern sieht
Er ihn von dannen ziehn. Ein jeder giebt
Ihm Antwort auf die Fragen, die er stellt.

Und führt ihn gerne auf den richtigen Pfad.
Bald hatte er den Weg zurückgelegt
Und nicht weit von Mulghasansari
Sah er von weitem eine Kriegerschar,
Die jagend auf dem grossen Felde stand.
Laut scholl der vielen Treiber Halloruf,
Die Pfeile schwirrten zahlreich durch die Luft
Und wie die Ähren von des Schnitters Hand
Sank rudelweise um, das scheue Wild.
Zum ersten Jäger, den er traf, sprach er:
Sag, wem gehört dies Heer und wer ist der, ·
Dess Stimme donnernd in die Ferne schallt?
Das ist Pridon, entgegnete er ihm,
Der Herr von Mulghasansari jagt hier.
Gar stattlich ritt er auf die Jäger zu.
O wie beschreib' ich seiner Schönheit Glanz!
Wer ihn nicht sah, erstarrte schier vor Schmerz
Und wer an seinem Bild sich weidete,
Ward von der Herzenswärme fast verzehrt.
Sich wie ein Schilfrohr wiegend auf dem Ross
Ritt er dahin, als plötzlich durch die Luft
Ein Geier schoss. Behende spannte er
Den Bogen, drückte ab und blutend fiel
Der Geier stracks in seine Nähe hin.
Vom Ross sprang er, schnitt ihm die Flügel ab
Und ritt hierauf gelassen weiter fort.
Als das die Jäger sahen, liefen sie,
Die Jagd vergessend, aus dem Kreis heraus,
Begrüssten ihn wie einen Herzensfreund
Und fragten ihn nicht einmal wer er sei.

Auf einem nahen Hügel stand Pridon
Und um ihn her ein Tross von vierzig Mann
Der besten Schützen seines Königreichs.
Zu ihm begab sich nun mit Awtandil
Die ganze Jägerschaar, die nahe war.
Pridon sah mit Verwunderung sie an
Und einen Sklaven rufend sagte er:
Geb', frage sie, warum sie so bestürzt
Den Kreis verlassen haben und wohin
Sie Blinden gleich im dichten Haufen gehn?
Der Sklave rannte hin, jedoch auch er
Blieb wie geblendet vor dem Jüngling steh'n.
Und brachte nicht ein einziges Wort heraus.
Erkennend sein Begehr sprach Awtandil:
Sag' Deinem Herrn, dass ich ein Fremdling bin,
Der sich mit Taryel verbrüdert hat
Und aus der Heimat fortgezogen ist
Um zu besuchen dessen treuen Freund.
Schnell lief der Sklave zu Pridon zurück
Und meldete: Herr, eine Sonne kommt,
Von deren Glanz der Tag noch heller wird.
Er sagt, dass er ein Bruder Taryels sei
Und Dich, der Du erzürnt bist, sehen will.

Als Taryels Namen jetzt Pridon vernahm,
Ward leichter ihm ums Herz und seine Brust
Durchwallte ein beglückendes Gefühl.
Durch seine Wimpern brach ein Thränenstrom
Und Awtandil sich nahend rief er aus:
Was bist Du, wenn Du keine Sonne bist?

Des Sklaven Lob war ihm noch zu gering.
Von ihren Rossen stiegen beide nun
Und Freudenthränen weinend schritten sie,
Die Sonnenschönen, auf einander zu.
Obgleich sie sich zum erstenmale sah'n,
War doch ihr Gruss voll Wärme und Gefühl,
Denn Freundschaft keimte in den Herzen schon.
Wer sie so sah, der sah zwei Sonnen glüh'n,
Kein Jüngling gleicht dem herrlichen Pridon,
Jedoch genug ward ihm schon Lob und Teil.
Der hellsten Sterne hehrer Glanz erlischt,
Wenn sie der mächtigen Strahlensonne nah'n.
Schwach ist bei Tage jedes Lichtes Schein.
Nach der Begrüssung stiegen sie zu Ross
Und ritten in das schöne Königsschloss.
Zu Ende war die Jagd, der Schützen Schar
Kam schnell von allen Seiten her und rief:
Kein Sterblicher war je so schön wie Du!
Zum Freund sich wendend sagte Awtandil:
Ich weiss, dass gerne Du erfahren möcht'st,
Aus welchem Land ich komme, wer ich bin
Und wie ich Taryel gefunden hab',
Als dessen Bruder ich mich vorgestellt.
Ja, seinen Bruder nennt der Teure mich,
Obgleich ich wert kaum bin sein Knecht zu sein.
Ich bin ein Diener König Rostewans
Und meine Heimat ist Arabien.
Des ganzen Heeres Feldherr bin ich dort,
Ich heisse Awtandil und mich erzog,
Wie einem Königssohne es gebührt,

Der besten Männer auserwählter Kreis.
Unüberwindlich ist mein tapfrer Herr;
Hierauf erzählte er ihm, wie das Los
Zusammen ihn geführt mit Taryel
Und setzte dann hinzu: So wie der Mond
Irrt er umher auf jenem schwarzen Ross,
Dass Du ihm einstmals zum Geschenke gabst.
Er flieht die Menschen wie ein scheues Tier.
O weh' mir, der ich seiner jetzt gedenk',
Weh jedem, der sich trennen muss von ihm!
Er sagte mir, wie er Dein Bruder ward,
Wie er Dich Herrlichen gefunden hat
Und Du sag' mir, wo ich die suchen soll,
Die jeden glücklich macht, der sich ihr naht
Und den ins Unglück stürzt, der sich entfernt!

Des Freunds gedenkend wiederholten sie
Gar manches schöne Wort, das sie von ihm
In Tagen des Beisammenseins gehört,
Und schütteten des Herzens Sehnsucht aus.
Mit ihnen fing das Heer zu trauern an
Laut weinten viele und von Schmerz gepresst
Beklagten sie des Vielgeliebten Los,
Den sie seit sieben Jahren nicht geseh'n.
Jawohl, verräterisch ist das Geschick!
Dann sprach Pridon: O herrlicher Taryel,
Wer kann Dich preisen wie Du es verdienst?
O heller Stern der Erde, der Du selbst
Die Sonne stürzest von dem Himmelsthron,
Der Du Verschmachtenden ein Retter bist,

Seit jenem Tage, da Du von mir zogst,
Bringt mir das Leben keine Freude mehr.
Sei's auch dass meiner Du nicht mehr gedenkst,
Will ich Dich Bruder dennoch wiederseh'n.
Dir bringt die Trennung weder Schmerz noch Leid.
Jedoch mir scheint sie eine Ewigkeit
Und reizlos ist für mich die ganze Welt.
Nach diesen schönen Worten schwieg Pridon
Und beide Freunde zogen in die Stadt.
Hehr prangte unter allen Awtandil
Mit seiner Wangen frischem Rosenrot
Und seiner schwarzen Augen Wimpernflor.
Gar festlich war das schöne Schloss geschmückt
Wie's beim Empfang von Königen sich schickt
In Prachtgewändern stand der Diener Schar
Und schaute ehrfurchtsvoll den Jüngling an.
Im Schlosse angekommen nahmen sie
Sogleich am reich besetztem Tische Platz.
Einhundert wackre Ritter standen da
Auf jeder Seite beider Könige.
Der Schmaus begann. Wie einen alten Freund
Bewirteten sie köstlich Awtandil.
Hell schimmerte das teure Tischgeschirr,
In Strömen floss der allerbeste Wein
Und herrlich klang der Lauten süsses Spiel.
Als nach dem Schmaus der neue Tag anbrach,
Geleiteten sie ihren Gast ins Bad,
Dann legten sie ihm an ein Prachtgewand
Und einen Gurt, der kostbar war und schön.
Der Tage mehrere verblieb er hier

Obgleich es ihn zur Weiterreise trieb.
Zum Spiel und auf die Jagd begleitete
Er seinen neuen Freund Pridon und schoss
Stets mit so sichrer Hand, dass jeder ihn
Um seine Fertigkeit beneidete.

Nach einigen Tagen sagte Awtandil:
Hör' an, o Freund, was ich Dir sagen will!
Gern blieb ich bis zum Tode hier bei Dir,
Jedoch die Zeit drängt mich und eine Glut,
Die schwer zu löschen ist, erfüllt mein Herz.
Jawohl, vor mir liegt ein gar langer Weg
Und jeder Aufschub ist verhängnisvoll.
Recht hat das Auge, welches bitter weint,
Wenn Du geliebter Bruder, ihm entschwindst.
Mein hartes Schicksal reisst mich fort von Dir.
Ein guter Wandrer niemals säumen darf,
Wenn seiner eine Pflichterfüllung harrt.
Komm, zeige mir am Meere jenen Ort,
An welchem Du die Herrliche geseh'n!
Dir widersprechen will ich keineswegs,
Antwortete Pridon. Ich weiss sehr gut,
Dass Du nicht länger hier verweilen kannst.
Ja, gehe, möge Gott Dein Führer sein!
Mag jämmerlich Dein Feind zu Grunde gehn!
Doch sprich, wie soll ich leben ohne Dich?
Allein zu reisen rate ich Dir nicht,
Drum nimm Dir meiner treuesten Diener vier.
Dann geb' ich Dir ein Maultier und ein Pferd,
Die ich mit guten Waffen jeder Art

Und Nahrungsmitteln reich beladen will,
Damit Du nicht Entbehrung leidest und
Dir leichter wird der Reise schwere Not.
Vier treue Diener rief er nun herbei,
Gab eine schöne Rüstung seinem Freund,
Sechshundert Pfund des allerbesten Gold's
Und dann ein Ross mit prächtigem Sattelzeug.
Als auch des Maultiers Bürde fertig war,
Bestieg Pridon sein schmuckes Lieblingsross
Und ritt mit Awtandil ans Meer hinaus.
Von Abschiedsweh beklommen sagte er:
Wenn über uns die warme Sonne scheint,
Empfinden wir des Winters Kälte nicht.

Als sich jetzt unterm Volke das Gerücht
Von seiner Abreise verbreitete,
Kam es herbeigeströmt in grosser Schar
Und alle, Bürger, Handwerker und auch
Die Obstverkäufer fingen an zu schrein,
Dass es wie Donner durch die Lüfte scholl.
Sie riefen: Schaut, die Sonne schwindet uns,
Kommt schliesst das Herz dem Abschiedsschmerze auf!
Als sie gekommen waren an den Ort,
Wo einst Pridon die Herrliche geseh'n,
Erzählte er dem Freunde, wie's gescheh'n.
Dann sanken sie einander an die Brust
Und gaben sich mit Schmerz den Abschiedskuss.
So trennten sich die Unzertrennlichen.

Awtandil zieht aus um Nestan Daredschan zu suchen.

Mit trübem Herzen reitet er davon.
Nur die Erinnerung an Tinatin
Erheitert ihn und seufzend ruft er aus:
Getrennt bin ich von Dir, o Herrliche
Und eine Wunde trage ich mit mir,
Die ausser Dir, kein Mensch sonst heilen kann.
So oft erfuhr ich schon das Trennungsweh,
Das felsenfest mein Herz geworden ist
Und es die schwersten Schmerzen nicht mehr fühlt.
Mit seinen vier Begleitern ritt er hin
Am Meeresufer und fragt überall
Nach jener Sonne, die entschwunden war.
Als hundert Tage er so wanderte,
Kam er auf einen Berg und hier sah er
Der reich beladenen Kamele viel
Am Meeresufer stehn. Von ferne schon
Drang an sein Ohr der Treiber Wehgeschrei.
Laut grüsste sie der junge Awtandil
Und sprach: Ihr Kaufleute, wer seid ihr denn?
Der Karawanenführer Ussam sprach:
O schöne Sonne, Dein Erscheinen flösst
Uns, den Verzagten, Mut und Leben ein.
Komm und vernimm den Kummer, der uns quält!
Kaufleute sind wir aus der Stadt Bagdad
Zur Lehre der Propheten halten wir
Und trinken niemals einen Tropfen Wein.

Wir zogen in die Stadt des Meerkönigs
Mit einer Ladung reicher Waaren, die
Ein jeder redlich sich erworben hat,
Doch da ward uns die Kunde überbracht,
Dass jetzt die Seefahrt sehr gefährlich ist,
Denn Raubschiffe durchkreuzen dieses Meer.
Deshalb, o Löwe, steh'n wir müssig hier.
Geh'n wir zurück, so haben wir Verlust
Und vor der Weiterreise bangt uns sehr,
Da uns Gefahren drohen auf der See.

Der Jüngling sprach hierauf: Nichts taugt der Mann,
Der sich in eitlen Klagen nur ergeht
Und weibisch jammernd seine Zeit verliert!
Entgeh'n kann seinem Schicksale kein Mensch.
Wenn euer Blut heut' fliesst, sei's meine Schuld,
Schwer soll bereuen seine Freveltbat,
Wer euer Schiff zu überfallen wagt!
Erfüllt von Freude riefen jene aus:
Man sieht's Dir an, dass Du kein Feigling bist
Und nicht wie wir erschrickst vor der Gefahr.
Drum folgen wir Dir ohne Bangigkeit.
Mit Zuversicht bestiegen sie das Schiff
Und lichteten die Anker wohlgemut.
Ein guter Wind begünstigte die Fahrt
Und alle waren seiner Führung froh.
Jedoch da kam in Sicht ein Räuberschiff
Mit langer Flagge. Auf dem Vorderteil
Lag eine Eisenstange, welche zum
Durchbohren fremder Schiffe diente und

So scharf und spitzig wie ein Wurfspiess war.
Laut schreiend nahten mit Trompetenschall
Die Räuber, ihres Sieges schon gewiss
Und Angst ergriff die ganze Krämerschar.

Erschreckt vor ihnen nicht! rief Awtandil.
Wenn Gott mich vor dem Untergang bewahrt,
Soll nicht ein einziger meinem Schwert entgeh'n!
Was mir vom Himmel nicht beschieden ist,
Fügt mir das stärkste Feindesheer nicht zu,
Wenn schon geschliffen ist mein Todesspeer,
Weich ich vergebens seinem Rosse aus
Und eitel ist die beste Hilfe dann.
Wer seine Sache so, wie ich versteht,
Mit Zuversicht und Mut zum Kampfe geht.
Ihr Kaufleute stets feige Memmen seid
Und der Gebrauch der Waffen ist euch fremd,
Drum geht schnell in des Schiffes untern Raum,
Damit Euch nicht der Feinde Pfeil erreicht!
Schaut zu, wie meine Löwenarme jetzt
Beginnen werden das Vernichtungswerk!
Nach einer Weile war er kampfbereit,
Nahm einen Stab von Eisen in die Hand
Und stellte hin sich an des Schiffes Rand.
Mit Schreien kamen jetzt die Räuber nah'
Und schleuderten sofort mit aller Kraft
Die spitzige Eisenstange gegen's Schiff,
Doch Awtandil schlug drauf mit solcher Wucht,
Dass sie in Stücke brach und unversehrt
Stand das ihm anvertraute Fahrzeug da.

Erschrocken wollten jetzt die Räuber flieh'n,
Jedoch der Jüngling sprang schnell auf ihr Schiff
Und hieb so mit dem Schwerte auf sie ein,
Dass einem jeglichen der Mut entsank.
Wie Schlachtvieh brachte er die meisten um,
Die einen schlug er an der Schiffswand tot,
Die andern stürzte er ins tiefe Meer.
Wer ihm entging, kroch zu den Toten hin
Und lag wie eine Leiche regungslos,
So überwand er diese Räuberschar.
Die, die um Schonung baten, schonte er
Und nahm sie alle auf in seinen Dienst.
Recht hatte der Apostel, der gesagt,
Dass Furcht die wärmste Liebe oft erzeugt.
O Mensch, prahl' Dich nicht wie ein Trunkener
Mit Deiner Leibeskraft! Nicht nützt sie Dir,
Wenn Gott Dir seine Hilfe nicht verleiht.
Ein kleiner Funken oft Verderben bringt
Dem grossen Baum, ja einem ganzen Wald.
Mit Gottes Beistand schlägt ein Stab von Holz
So gut wie jedes scharf geschliffne Schwert.

Das Raubschiff, welches viele Schätze barg,
Band Awtandil jetzt an das andre an.
Und rief sodann die Kaufleute herbei.
Erfreut kam Ussam mit den Seinigen
Aus dem Versteck hervor und lautes Lob
Ward Awtandil für seinen Mut zu teil.
Mit Hoheit nahm er ihre Worte hin
Und strahlte einer Sonne gleich sie an.

So schön war er in seiner Müdigkeit,
Dass seine Schönheit der Beschreibung trotzt.
Gedankt sei Gott, die finstre Nacht ist hin
Und uns bescheint nun helles Sonnenlicht!
Rief laut der Krämer hoch erfreute Schar.
Zum Danke küssten sie ihm Hand und Fuss
Und sagten: Errettet hast Du uns
Vom schweren Ungemach, das uns bedroht.
Der Jüngling sprach: Gelobt sei Gott, der Herr,
In dessen Namen in der ganzen Welt
Die hehren Himmelsmächte thätig sind
Und ewiglich vollbringen jedes Werk,
Mag es geheim sein oder offenbar!
Der Weise glaubt und nichts verwundert ihn.
Gott hat euch allen euer Blut geschenkt,
Nicht ich, der ich elender Staub nur bin.
Vertilgt sind die, die euren Tod begehrt
Und euch fällt zu ihr ganzes Eigentum.
Gar schön ist's, wenn ein junger Mann
An Kühnheit die Genossen übertrifft
Und sie ihn loben für die Heldenthat,
Obgleich sie stille Scham dabei erfüllt.
Sofort und ohne Zögern hoben nun
Die Kaufleute den leicht erworbnen Schatz.
Sie trugen alles auf ihr eignes Schiff,
Zertrümmerten das andere und hierauf
Verbrannten sie das Holz, das nutzlos war.
Im Namen der Gefährten sagte jetzt
Der dankbare Ussam zu Awtandil:
Uns, die wir zitterten vor Furcht und Angst,

Hast Du mit neuem Lebensmut erfüllt.
Gerettet hast Du unser Hab' und Gut
Und es gehört jetzt Dir mit Fug und Recht.
Nur das, was Du uns giebst, soll unser sein!
O Brüder, gab zur Antwort Awtandil,
Vernommen habt ihr meine Ansicht schon,
Drum sprecht nicht weiter mir von eurem Lohn!
Nur überflüssige Last ist euer Schatz
Für mich, dem dieses flinke Ross genügt.
Der Reichtümer hab' ich daheim genug
Und nach den eurigen verlangt mich nicht.
Mit euch zu reisen ist mein einziger Wunsch,
Denn vor mir liegt ein Werk von Wichtigkeit.
Ja, nehmt die Beute, die wir heut' gemacht,
Doch eine Bitte mir dafür gewährt!
Das Unternehmen, das ich vor mir hab'
Erheischt, dass ich geheim halt meinen Stand,
Drum nennt mich euren Führer, bis die Zeit
Es mir erlaubt zu sagen, wer ich bin.
Ich lege Kaufmannskleider an und will
Mit eurer Karawane weiter zieh'n.
Jedoch verratet mein Geheimnis nicht!

Den Kaufleuten gefiel sein Vorschlag sehr.
Das Haupt verneigend sagten sie: O Herr,
Die Hoffnung Du in unsern Herzen weckst
Und was wir wünschten, das gewährst Du uns.
Ja, gerne dienen wir Dir Tapferen,
Der Du schön wie des Himmels Sonne bist.

Awtandil landet in Gulanscharo.

Bei gutem Winde segelten sie fort
Und bald kam ihnen eine Stadt in Sicht,
Die weit umher ein Gartenkranz umgab.
So reich an Reizen war dies Uferland,
Dass seine Schönheit sich nicht schildern lässt.
In eines Gartens Nähe banden sie
Ihr Fahrzeug mit drei starken Tauen an
Und Awtandil setzt sich im Kaufmannsrock
Auf einen Stuhl, ruft Lastträger herbei
Und bietet unerkannt die Waren feil.
Bald kam ein Gärtner aus der Nachbarschaft
Und blickte staunend hin auf Awtandil.
Wie heisst der König, der dies Land regiert?
Sag' mir genau, was es hier Gutes giebt
Und welche Waren am wohlfeilsten sind!
Zur Antwort gab ihm jener: Dein Gesicht
Strahlt wie des Himmels Sonne hell und schön
Die Wahrheit will ich gerne Dir gesteh'n,
Denn Dich, o Herr, betrügen kann ich nicht.
Dreihundert Tagereisen weit erstreckt
Sich dieses Land und reich an Schätzen ist
Die Hauptstadt Gulanscharo, denn hierher
Gelangen alle Reichtümer der Welt
Auf Handelsschiffen mannigfaltiger Art.
Des Reiches König Melik Surchaw heisst.
Hier werden selbst die Greise wieder jung,
In ewigem Frohsinn fliesst das Leben hin

14*

Und selbst im Winter blüh'n die Blumen hier.
Ein jeder, der uns kennt, beneidet uns.
Die Zahl der reichen Kaufleute ist gross
In unsrer Stadt und jeder Arme, der
Hierher kommt wird in einem Jahre reich.
Der schöne Garten, den Du vor Dir siehst,
Gehört Uffen, dem ersten Kaufmanne,
In dessen Dienste ich als Gärtner steh'.
Zu ihm musst Du vor allen andern geh'n
Um ihm zu zeigen, was Du Schönes hast.
Ein jeder Fremde geht zuerst zu ihm
Und bringt ihm einige Geschenke dar,
Denn nur Ussen versorgt des Königs Haus
Und wählt für ihn die besten Waren aus.
Erst wenn er dies gethan, darf er die Stadt
Betreten und verkaufen, wo er will
Die andern Waren, die er noch besitzt.
Vornehme Männer, wie Du einer bist,
Ist er verpflichtet zu beherbergen.
Jetzt ist er abwesend, denn sonst hätt' er
Dich, sonnenschöner Jüngling, längst begrüsst.
Zu Hause ist jedoch sein Weib Patman,
Die sehr gesellig und auch gastfrei ist.
Ich will ihr Deine Ankunft melden und
Sie wird Dich aufnehmen, wie's Dir gebührt.

Thu' wie Du willst! versetzte Awtandil
Und jener eilte zu Patman und rief:
Ein Jüngling kommt, wie ich noch keinen sah,
Wer ihn erblickt, der meint, die Sonne sei

Herabgestiegen auf die Erdenwelt.
Er ist ein reicher Kaufmann und mit ihm
Ist eine Karawane angelangt.
Sein Wuchs gleicht dem der Pappel, sein Gesicht
Strahlt heller, als der siebentägige Mond.
O wüsstest Du, wie schön, wie reizend ihm
Die Jacke und der rote Turban steht!
Er fragte mich, zu welchem Preise wir
Verkaufen Edelsteine aller Art.
Mit grosser Freude hörte dies Patman
Und sandte schnell zehn Diener nach ihm aus.
Sie führten ihn ins Karawansserai,
Das prächtig ausgeschmückt war wie ein Schloss.
Aus allen Häusern trat das Volk heraus,
Denn jeder wollte diesen Jüngling seh'n,
Des Körperstärke der des Löwen glich.
Gar lüstern schauten ihn die Weiber an
Und viele zitterten vor Leidenschaft
Und bis zur Raserei in ihn verliebt,
Verstiessen ihre Männer sie mit Groll.

Awtandil macht Patman's Bekanntschaft.

Entgegen kam ihm Ussens Weib, Patman,
Begrüsste ihn und lud ihn freundlich ein,
Denn sein Besuch versprach ihr Lustbarkeit.
Patman Chatun war zwar nicht mehr sehr jung,
Jedoch nicht hässlich, nein, im Gegenteil
Gar anmutig und üppig von Gestalt.
Sie war sehr putzsüchtig und lebensfroh

Und liebte die Musik, Gesang, und Wein.
Sofort bewirtete sie ihren Gast
Mit allem, was sie Schmackhaftes besass.
Für ihre Gastfreundschaft gab Awtandil
Ihr zum Geschenke manche Kostbarkeit
Und als zu Ende war der frobe Schmaus,
Ging er in seine Herberge zurück.
Am nächsten Morgen zeigte er am Strand
Die Waren alle, deren beste man
Einkaufte für das königliche Haus.
Hierauf sprach leis' er zu den Seinigen:
Nehmt alles hin, verkauft es wie ihr wollt,
Jedoch verratet mich um keinen Preis!
Als Kaufmann ging verkleidet er umher,
Bald lud Patman Chatun ihn zu sich ein,
Bald ging er selbst zu ihr und plauderte
Gar gern und viele Stunden lang mit ihr.

Patman verliebt sich in Awtandil.

Wer es vermag, der bleib' den Weibern fern!
Gefallsüchtig ist jedes Weib und lockt
Den Mann an sich bis er ihr voll vertraut
Und sich ihr hingiebt ganz mit Herz und Sinn.
Doch plötzlich wird sie des Geliebten satt
Und reisst die Liebe mit der Wurzel aus,
Deshalb hat der auf schwachen Grund gebaut
Der einem Weibe allzu sehr vertraut.

Patman erglühte bald für Awtandil,
Mit jedem Tag wuchs ihre Leidenschaft

Und nur vergebens mühte sie sich ab
Zu unterdrücken ihren Liebesgram.
Was soll ich thun? rief sie mit Thränen aus
Wenn ichs ihm sage, wird er mir vielleicht
Entzieh'n das Glück, das seine Nähe beut,
Und wenn ich schweig', wird meine Liebesglut
Noch mehr zernagen mein gequältes Herz.
Ich sag' es ihm und wenn's den Tod mir bringt.
Wie kann ein Kranker Heilung finden je,
Wenn er dem Arzt nichts von der Krankheit sagt?
Sie schrieb dem Jünglinge nun einen Brief,
In dem sie ihre Liebe ihm gestand
Und der des Lesers Herz erweichen muss.
Wohl ist er wert, dass man ihn aufbewahrt
Und nach dem Lesen nicht sofort zerreisst.

Patmans Brief an Awtandil.

O Sonne Du, nicht Freude, sondern Gram
Wird dem zu teil, der von Dir scheiden muss
Und preisen kann der froh sein Lebenslos,
Der stets in Deiner Nähe weilen darf.
Du gleichst der Rose und ich wundre mich,
Dass keine Nachtigall Dir Liebe singt.
Von Deiner Schönheit welken Blumen hin,
Auch meine Blume kommt im Froste um,
Wenn Deine Sonne sie nicht bald erwärmt.
Gott ist mein Zeuge, wie es schwer mir fällt
Dir meine heisse Liebe zu gesteh'n,

Doch sage mir, was soll ich andres thun,
Da längst mich die Geduld verlassen hat!
Nicht länger halt ich Deine Blicke aus
Und werde wahnsinnig, wenn Du nicht hilfst.
Bis ich von Dir den Antwortsbrief empfang',
Bis Du entscheidest über mein Geschick,
Will ich ausharren, sei's auch noch so schwer.
O wann erfahre ich den Urteilsspruch?

Der Jüngling las den Brief mit Mitgefühl,
Als rührte er von seiner Schwester her.
Dann sprach er: O sie kennt mein Herz noch nicht!
Sie weiss wohl nicht, wem sie von Liebe spricht?
In nichts gleicht sie der, der mein Herz gehört,
Was kann die Krähe für die Rose sein?
Nein, was vom Übel ist, nicht lange währt,
Was spricht die Tolle? Wovon plappert sie?
Wie wagt sie mir zu schreiben diesen Brief?
Hierauf verstummte er, jedoch da kam
Ihm plötzlich ein Gedanke und er rief:
Kein Mensch reicht mir hier helfend seine Hand
Und nimmer find' ich jene Herrliche,
Um deren Willen ich mein Land verliess,
Wenn ich der List mich nicht bedienen will.
Patman, die eine Herberge besitzt
Und alles durch die Reisenden erfährt,
Wird ohne Zweifel manches wissen, das
Das Schicksal Nestan Daredschans betrifft.
Wenn dem so ist, wird sie mir alles gern
Erzählen ohne jede Weigerung.

Mit Herz und Leib giebt sich das Weib dem hin,
Der Liebe und Verlangen in ihm weckt.
Da kennt die Tolle weder Scham noch Zucht,
Kein Opfer scheint ihr gross genug zu sein,
Wenn dieses ihr Befriedigung gewährt.
Jawohl, ich will ihr folgen und erfahr'
Vielleicht das alles, was mir nötig ist.
Kein Werk gelingt hier ohne Schicksalsgunst.
Was wir nicht haben, das verlangen wir
Und was wir haben, das erfreut uns nicht.
In Dunkel ist für uns die Welt gehüllt.
Dem Krug entfliesst nur das, was er enthält.

Awtandils Antwort an Patman.

Gelesen hab' ich Deinen schönen Brief
Und sei es auch, dass Du zuvor mir kommst,
Ist doch noch grösser meine Liebesglut.
Nach meiner Nähe sehnst Du Dich und ich
Möcht' ewig nur in Deiner Nähe sein.
Entgegen kommt Dein Wunsch dem meinigen,
Drum gieb mir heute noch ein Stelldichein!

Beglückt antwortete hierauf Patman:
Genug hab' ich der Thränen schon geweint.
Im Hause findst Du mich allein, o Freund.
Sobald es dunkelt, eile her zu mir!
Als Awtandil am Abend zu ihr ging,
Kam ihm entgegen, von Patman gesandt
Ein Diener, der ihm schnell berichtete:

Sie lässt Dir sagen, dass sie heute Nacht
Dich nicht empfangen kann, wie sie's versprach
Unangenehm berührte Awtandil
Des Dieners Mitteilung und voll Verdruss
Beschloss er dennoch hinzugeh'n zu ihr.
Missmutig sass sie auf dem Sofa da, als er,
Der Pinienschlanke, eintrat ins Gemach,
Jedoch aus Ehrfurcht sagte sie kein Wort
Und zeigte ihm nicht ihre Unruhe.
Er setzte sich an ihre Seite hin
Und lange Küsse tauschend plauderten
Sie honigsüss, wie es Verliebte thun,
Als plötzlich ins Gemach ein Jüngling trat,
Den ein Bewaffneter begleitete.
So wie ein Wandrer vor dem Abgrunde
Blieb er betroffen vor der Thüre steh'n.
Patman erschrak und fing zu zittern an
Und jener Jüngling rief erzürnt ihr zu:
Du Metze, kose ungestört mit ihm,
Denn meiner Rache wirst Du nicht entgeh'n!
Lass nur den Morgen kommen und Du sollst
Erfahren, was ich Dir bereitet hab'!
Wenn ich Dich nicht bestraf' für diese That,
Spuck mit Verachtung dann auf meinen Bart!

Hierauf verliess der Jüngling das Gemach
Und ihr Gesicht zerkratzend fing Patman
Mit lautem Wehgeschrei zu weinen an.
Kommt, steinigt mich! Rief stöhnend sie.
Dem Untergang geweiht ist nun mein Haus,

Umbringen werden sie die Meinigen,
Die kleinen Kinder und den guten Mann.
Verloren ist mein Reichtum und mein Schatz.
Weh der, die mich gebar und auferzog,
Weh denen, denen ich das Leben gab!
Ich selber hab' den Dolch für mich gewetzt
Und keine Bitte hilft mir Armen mehr.
Verwundert hörte Awtandil ihr zu
Und sprach: was für ein Weh bedrückt Dein Herz?
Warum hat jener Dir so arg gedroht?
Sag', was für eine Schuld er an Dir fand?
Wer ist er und weshalb kam er zu Dir?
O Löwe, gab zur Antwort ihm Patman,
Der tiefe Schmerz der Sinne mich beraubt.
Ich selbst hab meine Kinder umgebracht,
Mein Lebensglück ist hin auf immerdar,
Vernichtet hat mich meine Leidenschaft.
So geht es jeder eiteln, dummen Schwätzerin,
Die ihr Geheimnis nicht zu wahren weiss.
Dem Kranken, der sich selber Schaden bringt,
Hilft auch des besten Arztes Kunst nicht mehr.
Jetzt hör' mich an! Befolge meinen Rat!
Geh' eiligst hin und bringe jenen um,
Errette mich und meine Kinder auch!
Wenn Du zurückkommst, will ich Dir sogleich
Erzählen, was mein Herz so schwer bedrückt.
Doch wenn Dir bangt vor dieser That, so zieh'
Aus unsrer Stadt in dieser Nacht noch fort,
Damit Du nicht, o sonnenschöner Held
Für meine Sünden schmerzlich büssen musst.

Wenn jener morgen hingeht in das Schloss,
Bin ich verloren ja mit Mann und Kind!

Als Awtandil, der menschenfreundliche,
Patman's Betrübnis und Verzweiflung sah'
Erhob er sich mit Stolz und Jugendkraft,
Nahm einen Knüttel in die Hand und sprach:
Ich selbst soll Schuld an Deinem Unglück sein,
Wenn ich nicht das vollbringe, was Du wünschst.
Gieb einen Deiner Diener mir, damit
Er mir den Weg zeigt, weiter will ich nichts,
Denn jenen überwinde ich allein.
Du warte hier, bis ich zurückgekehrt
Und Dir mitteile, ob es mir gelang.
Patman gab ihm den Diener mit und sprach:
Da meine Glut Du löschen willst, so kehr',
Wenn Du ihn mir zum Trost erschlagen hast,
Zu mir zurück und bring' mir meinen Ring!

Held Awtandil ging schnell die Stadt entlang.
Ein schönes Haus von rötlich grünem Stein
Stand nah' am Meeresufer und daran
Noch andre kleine in demselben Hof.
Der Führer sagte: Sieh' dort jenes Haus
Mit der Terrasse, die zum Meere führt!
Dort schläft er oder sitzt im untern Raum.
Eh' noch die Pförtner einen Schrei gethan,
Erfasste er sie an der Gurgel schon
Und schlug sie aneinander, dass das Blut
Mit dem Gehirn hervorquoll durch das Haar.

Awtandil tötet Tschatschnagir.

Betrübt sass jener Jüngling im Gemach,
Als Awtandil beblutet zu ihm kam.
Er wollte aufsteh'n, aber dieser schlug
Ihn mit der Faust, dass er zu Boden sank
Und augenblicklich seinen Geist aufgab.
Ja, er, der Freunden eine Wonne war,
War für die Feinde wie ein wildes Tier.
Den Finger mit dem Ring schnitt er ihm ab,
Warf seine Leiche durch das Fenster dann
Und scharrte sie am Meeresstrande ein.
Kein Mensch bemerkte seine blutige That
Und festen Schritts ging er sofort zurück.
Als vor Patman er hintrat, sagte er:
Ich hab Dir jenen aus dem Weg geräumt
Und nimmer mehr wird er die Sonne seh'n.
Jedoch damit Dein Diener nichts verrät,
Lass Dir von ihm ablegen einen Eid.
Hier ist der blutige Finger mit dem Ring!
Jetzt sage mir, was Dich so schwer betrübt,
Warum Dich jener mit dem Tod bedroht?

Patman umfing die Kniee ihm und sprach:
Mich, die ich Staub vor Deinem Antlitz bin,
Hast Du vom grössten Ungemach erlöst.
Ich, meine Kinder und mein Mann Ussen,
Wir sind jetzt neu geboren. Sage, wie
Soll ich vergelten Deinen Liebesdienst?

Hör' mir jetzt zu! Von Anfang an will ich
Erzählen Dir die lange trübe Mär.

Patman erzählt Nestan Daredschans Abenteuer.

Es ist hier Sitte, dass am Nowrusfest[9])
Ein jeder Kaufmann seinen Laden schliesst
Und niemand eine Reise unternimmt.
Wir alle legen Feierkleider an
Und unser König ladet uns zum Schmaus.
Die Reichern tragen ein Geschenk ins Schloss,
Wo gleichfalls jeder ein Geschenk erhält.
Zehn Tage lang verstummt nicht die Musik
Und Hufgetrampel durch die Strassen hallt.
Die Kaufleute führt in das Schloss Ussen,
Da er der vornehmste derselben ist,
Die Frauen aber führe ich, sein Weib.
Ich gehe immer ungeladen hin
Und bring Geschenke dar der Königin,
Die uns dafür bewirtet königlich.
Am letzten Nowrusfeste kehrte ich
Mit andern Frauen aus dem Schloss zurück.
Noch nicht zufrieden mit dem üppigen Mahl,
Das uns die Königin gegeben dort,
Lud zum Gelage ich sie ein zu mir
Und wieder fingen wir zu zechen an.
Vom Wein erheitert gingen wir hinaus
In meinen Garten und belustigten
Uns dort wie eine Kinderschar beim Spiel.
Ich selbst war wohl die ausgelassenste

Und während laut der Sänger Lied erklang,
Riss eine von der andern Kopf das Tuch
Und legte es zum Scherz sich selber um.
Im Garten habe ich ein schönes Haus
Von Stein, das nah' am Meeresufer steht.
In dieses führte ich die Gäste dann
Und noch einmal der frohe Schmaus begann.
Verwandten gleich bewirtete ich sie,
Doch plötzlich wurde bange mir ums Herz
Und als die Frauen meine Trauer sah'n,
Erhoben sie sich und verliessen mich.
Ich blieb allein dort, that das Fenster auf
Und schaute trübe auf das Meer hinaus.
Aus weiter Ferne kam ein schwarzer Kahn
Auf's Ufer zu und blieb am Garten steh'n.
Zwei Neger sprangen bald darauf ans Land
Und schauten sich nach allen Seiten um.
Als sie bemerkten, dass sie niemand sah,
Begaben sie sich in den Kahn zurück.
Und führten nun ein schlankes Weib heraus.
Ein schwarzes Tuch bedeckte ihren Kopf,
Ein grünes Kleid umhüllte die Gestalt,
Schön wie die Sonne war die Herrliche,
Als sie zu mir hin wande ihren Blick,
Erstrahlten alle Felsen von dem Glanz
Und eiligst machte ich die Augen zu,
Denn wie die Sonne blendete sie mich.

Ganz unbemerkt schloss ich das Fenster dann
Und vieren meiner Diener trug ich auf:

Schaut jenes herrliche Geschöpf dort an,
Das diese Neger an das Land gesetzt!
Geht eiligst hin und kauft sie ihnen ab.
Kehrt ohne sie in keinem Fall zurück,
Und wenn sie sie nicht geben wollen, nehmt
Sie mit Gewalt und schlagt die Neger tot!
Behutsam schlichen meine Diener hin
Und machten jenen schnell ihr Angebot.
Jedoch die Neger waren drob erzürnt
Und wollten gar nichts hören vom Verkauf.
Ich schaute ihnen durch das Fenster nach
Und wütend über ihre Weigerung
Schrie ich den Dienern zu: Erschlagt sie doch!
Schnell führten sie, was ich befohlen, aus
Und warfen dann die Leichen in das Meer.

Die Schöne zu empfangen ging ich nun
Entgegen ihr und führte sie ins Haus.
Vergebens suche ich nach Worten nur
Zu schildern ihre Schönheit und Gestalt.
Sie gleicht der Sonne, die am Himmel strahlt,
Fast wirkt vernichtend ihrer Reize Glanz
Und doch möcht' ich sie immer vor mir seh'n.
Bei diesen Worten brach ein Thränenstrom
Aus ihren Augen und sie schluchzte bitterlich.

Erzähle weiter, bat der Jüngling sie.
Patman fuhr fort: Ich nahm sie bei mir auf
Mit Herzlichkeit, gab ihr den Schwesterkuss
Und sie aufs Sofa setzend fragte ich:

O Sonne, wer bist Du? Wo kommst Du her?
Kein einziges Wort erwiderte sie mir
Und weinte ungetröstet weiter fort.
Als ihr mein Fragen endlich lästig ward,
Fing sie so bitterlich zu schluchzen an,
Dass mir von Schmerz und Leid das Herz fast brach
Sie sprach: O Mutter, was Du für mich thust,
Hätt' meine eigne Mutter nicht gethan.
Warum willst Du erfahren meine Mär,
Die jedem wie erfunden klingen muss?
Ein schweres Missgeschick hat mich ereilt,
Jedoch umsonst fragst Du mich nur danach.

Da dachte ich bei mir: Unzeitig ist
Mein Fragen jetzt, denn bitterer Verdruss
Wird mir für meine Neugier nur zu teil.
Drum will ich warten, bis die Stunde kommt,
Die zur Erkundigung geeignet ist.
Ich nahm die Sonnenschöne in mein Haus
Und hüllte ihr Gesicht in Schleier ein,
Damit ihr heller Glanz sie nicht verriet.
Ganz im Geheimen richtete ich ihr
Ein schönes Zimmer ein. Wie einen Schatz
Hielt ich sie allen Späherblicken fern,
Nur ich allein ging bei ihr ein und aus.
Wie soll ich schildern ihre Lebensart
Und ihren Gram, der nie ein Ende fand?
Oft bat ich sie: Lass doch das Weinen sein!
Jedoch auch da schwieg sie nur kurze Zeit
Aus Zartgefühl und Achtung gegen mich.

Stets wenn ich zu ihr in die Stube kam,
War sie benetzt von einem Thränenstrom
Und so ergeben ihrem Herzeleid,
Dass ich nie Zeit zu einer Frage fand.
Ein Stein nur kann ertragen solches Weh.

Nicht Kleider wollte sie noch andern Schmuck
Und trug ein Kopftuch nur und ein Gewand.
Auf einem harten Lager schlief sie stets
Und statt des Kissens legte sie die Hand
Sich unter ihr vom Kummer müdes Haupt.
Sie ass nur wenig, und nur immer dann,
Wenn ich durch Bitten sie fast zwang dazu.
Ihr Kopftuch und das einzige Gewand
Betrachtete ich oft mit Neugierde,
Und unbekannt blieb mir der beiden Stoff,
Der weich und zart und doch wie Erz fest war.
Verborgen hielt ich sie geraume Zeit,
Selbst meinem Manne sagte ich kein Wort,
Denn ich befürchtete, er könnte leicht
Im Schloss verraten, was geheim noch war.
Nach vielen Tagen schwand jedoch mein Mut.
Ich sprach zu mir: Vergeblich ist Dein Thun,
Da Du der Armen keine Hilfe bringst
Und wehe Dir, wenn es Dein Mann erfährt!
Umsonst verbirgst Du dieser Sonne Glanz
Und jeder Tag bringt Dir nur neue Angst.
Ja, besser ist's, Du thust ihm alles kund,
Wenn er Dir zusagt, dass er es verschweigt.

Ich ging zu ihm und sagte schmeichlerisch:
Gern teile ich Dir ein Geheimnis mit,
Wenn Du mir schwörst, dass Du es niemand sagst.
Ich will am Stein zerschmettern meinen Kopf,
Wenn es durch mich ein einziger Mensch erfährt!
Erwiderte er mir: So lang ich leb',
Soll dies Geheimnis weder jung, noch alt,
Noch Bruder oder Feind vernehmen je!
Hierauf erzählte ich es ihm und sprach:
Komm folge mir und schau das Wesen an,
Das mit der Sonne man vergleichen kann!
Als sie Ussen erblickte, wusste er
Gar nicht, wie ihm geschah und ganz verwirrt
Stand eine Weile schweigend er vor ihr.
Dann rief er aus: Wen hast Du mir gezeigt?
Bei Gott, dies Weib ist keine Sterbliche!
Ich weiss nur das, was ich Dir mitgeteilt,
Erwiderte ich ihm. Komm, fragen wir
Sie, wer sie ist und was sie so betrübt!
Mit Ruh' und Sanftmut woll'n wir uns ihr nah'n,
Vielleicht erhört sie unsre Bitte dann.
Verlegen und betrübt begannen wir:
Dein Herzeleid ist auch das unsrige.
Sag' an, wo finden wir die Arzenei,
Die Dir, erblasstem Monde, Heilung bringt!
Was ist's, das Deinem herrlichen Gesicht
Die frische Jugendröte wieder giebt?

Kein einziges Wort erwiderte sie uns,
Denn fest geschlossen blieb der Rosenmund

15*

Und nicht zum Vorschein kam die Perlenreih'.
In langen Strähnen wand das üppige Haar
Sich Schlangen gleich um ihren schlanken Leib.
So sass sie von uns weggewendet da
Und über ihre Lippen kam kein Wort.
Als wir von neuem in sie drangen, fing
Sie bitterlich zu weinen an und sprach:
Ich weiss nichts, also lasst doch ab von mir!
Wir weinten mit ihr und bereuten sehr,
Dass wir der Traurigen so weh gethan.
Allmählich nur beruhigten wir sie
Und boten dann ihr Süssigkeiten an,
Jedoch sie nahm kein einziges Stück davon.
Noch lange standen wir betroffen da
Und gingen seufzend wieder fort von ihr.
Wie die Begegnung einem Glücke glich,
War schwer die Trennung wie ein Ungemach.
Fast jeden Tag besuchten wir sie dann,
Wenn unser Tagewerk beendet war.
Nach einiger Zeit begann Ussen zu mir:
Schon lange sah ich unsern König nicht.
Wenn Du's mir rätst, geh' heute ich ins Schloss
Und bring' ein kostbares Geschenk ihm dar.
Verfahr' nach Deinem Wunsch! versetzte ich.

Da legte er auf einen Holzteller
Schnell einige Perlen, Edelsteine auch
Und trug sie in das Schloss zum Könige.
Nimm Dich dort vor den Höflingen in Acht!
Rief ich ihm nach, als er von dannen ging,

Denn längst wusst' ich, dass er ein Schwätzer ist.
Und sollte man mir mit dem Schwerte droh'n,
Sag' ich doch nichts! entgegnete er mir.
Der König sass bei einem Zechgelag'
Und da mein Mann sein Liebling ist, so hiess
Er ihn sich niedersetzen an den Zechertisch.
Jetzt schaut, wozu ein Trunkner fähig ist!
Als ihm des Königs Wein zu Kopfe stieg,
Vergass er seines Schwures, ja sogar
Des heiligen Buch's, bei dem er ihn gethan.
Der König sprach zum trunkenen Ussen:
Wo nimmst Du denn die vielen Schätze her,
Die Du mir zum Geschenke oft verleihst?
Bei meinem Haupte schwör' ich Dir, dass ich
Dir nicht den zehnten Teil bezahlen kann.
Ussen verneigte sich vor ihm und sprach:
O grosser Herrscher, dessen Ruhmesglanz
Sich wie der Sonnenschein auf uns ergiesst,
O Schöpfungszierde, süsser Lebensquell,
Woher hab' ich mein Silber denn, mein Gold
Und alle Edelsteine als von Dir?
Nicht aus dem Mutterleibe bracht' ich sie,
Als ich ins Leben trat. Du gabst sie mir!
Nicht den geringsten Dank verlange ich
Für alles das, was ich bisher Dir gab,
Da eine Braut ich hab' für Deinen Sohn,
Die wirklich Deines Dankes würdig ist.
Ja, so verletzte er den heiligen Schwur
Und gab im Rausche sein Geheimnis kund.

Erfreut und neugierig die Maid zu seh'n,
Liess sie der König holen in das Schloss.
Fremd war für mich bis dahin jeder Gram
Und lebensfroh sass ich im Hause da,
Als jener Abgesandte zu mir kam
Und mit ihm sechzig prächtige Diener auch,
Wie es am königlichen Hofe Brauch.
Erstaunt darüber dachte ich bei mir:
Was für ein Zweck führt diese denn hierher?
Das Haupt verneigend sagte er: Patman,
Der Sonnengleiche schickt Dir den Befehl
Die Maid uns auszuliefern, die Ussen
Ihm für den Sohn als Braut hat dargebracht.
Wir sollen sie geleiten in das Schloss.
Der Weg dorthin ist, wie Du weisst, nicht lang.

Als ich dies Wort vernahm, da war es mir,
Als sei der Himmel auf mein Haupt gestürzt,
Als hätt' mich zweier Berge Ruck zermalmt.
Verwundert fragte ich: Was wollt ihr denn?
Was für ein Mädchen fordert ihr von mir?
Das Mädchen, das in Eurem Hause wohnt,
Erwiderten sie mir. Ich konnte nichts
Antworten und stand da, wie fest gebannt.
Als ich dann endlich wieder zu mir kam,
Ging ich zur Trauernden hinein und sprach: ˙
Das Glück hat uns den Rücken zugekehrt,
Des Himmels Zorn hat sich uns zugewandt.
Verraten hat man uns und dich begehrt
Der König jetzt zum Weib für seinen Sohn.

Erstaun' doch über dieses Unglück nicht!
Entgegnete sie mir. Mein Schicksal hat
Mich stets mit schwerem Übel nur bedacht.
Wenn mir ein Glück begegnet, wundre Dich,
Denn Unglück ist ja meiner Saaten Frucht.
Gleich einer Heldin stand sie furchtlos auf.
Wie keine Freude ihr zu Herzen ging,
Schien auch der Gram kein Gram für sie zu sein.
In einen langen Schleier hüllte sie
Ihr Haupt und ihre herrliche Gestalt
Und ich hing ihr ein Goldgeschmeide um
Und andre Kostbarkeiten noch dazu.
Vielleicht kommt's Dir zu statten sagte ich
Und schied von der, die mir so teuer war.

Als sie der König kommen sah, ging er
Entgegen ihr mit Festtrompetenklang.
Hehr, voller Hoheit, mit gesenktem Haupt
Ging schweigend sie dem nahen Schlosse zu.
Von allen Seiten lief das Volk herbei
Um sie zu sehen und mit Mühe nur
Hielt es zurück der Strassenwächter Schar.
Verwundert schaute sie der König an
Und rief: Wie kommst, o Sonne, Du hierher?
Ein jeder drückte schnell die Augen zu,
Denn wie die Sonne blendete ihr Glanz.
Der König sprach: Ich, der ich alles sah,
Muss jetzt gesteh'n, dass ich noch nichts geseh'n.
Wahnsinnig wird, wer sich in sie verliebt.
An seine Seite setzte er sie hin

Und fragte sie mit Güte, wer sie sei,
Jedoch kein Wort erwiderte sie ihm
Und sass stolz mit gesenktem Haupte da.
In weiter Ferne weilte ja ihr Herz
Und ihm auch zogen die Gedanken nach.

Der König sprach: die Neugier plagt mich sehr.
Nur eins von beiden kann das Wahre sein.
Entweder ist die Herrliche verliebt
Und denkt an den Geliebten, so dass sie
Bei ihm weilt in der Ferne, oder auch
Sie ist so weise, dass sie gleichgültig
Auf Leid und Freude dieses Lebens blickt.
Wo mag sie sein? O wüsste ich, wo jetzt
Der Herrlichen Gedanken wandeln, die
So unschuldig und rein, wie Tauben sind.
Der Schöpfer gebe, dass mein Sohn recht bald
Siegreich zurückkehr' von dem Kriegszuge,
Damit er sie sich zur Gemahlin nehm'
Und wir durch ihn erfahren, was sie jetzt
Uns allen, die die Neugier plagt, verschweigt.
Bis dahin bleib' der Mond der Sonne fern!
Lass Dir gesagt sein, dass des Königs Sohn
Ein wackrer Jüngling, schön von Angesicht
Und unvergleichlich gut von Herzen ist.
Zu jener Zeit befand er sich beim Heer.
Der Schönen brachte man nun ein Gewand,
Das reich besetzt mit Edelsteinen war,
Auch eine Krone von Rubin, die nur
Aus einem einzigen Stein gefertigt war,

Und ihr, der Lilienwangigen, prächtig stand.
Ins Schlafgemach des Prinzen stellten sie
Ein teures Sofa und des Hauses Herr,
Der König, führte selber sie hinein.
Neun schöne Zofen wurden an die Thür
Gerufen, um zum Dienst bereit zu sein.
Dann ging der König in den Saal zurück,
Nahm wieder Platz am Zechertisch
Und lange währte noch der frohe Lärm.

Die Schöne sprach bei sich: O Missgeschick,
Wohin, zu wem, hast Du mich nun geführt?
Wer ist der Mann, dem ich gehören soll
Und wo ist der, dem ich gehören will?
Wann hat ein Ende denn mein Herzeleid?
Jedoch auch diesen Schmerz ertrag' ich noch,
Vielleicht versagt mir Gott die Hilfe nicht.
Kein Weiser kürzt sich selbst das Leben ab
Und wenn der Tag der Not erscheint,
Soll der Verstand vor allem thätig sein.
Sie rief die Zofen ins Gemach und sprach:
Ihr irrt euch sehr, wenn ihr der Meinung seid,
Dass ihr mich je für jenen Mann gewinnt!
Auch euer Herr irrt sich, denn nimmermehr
Besteig' ich seines Sohnes Hochzeitsbett.
Umsonst frohlockt er nur und lässt sein Glück
Bei Paukenschall verkünden aller Welt.
Ich tauge nicht zur Königin für euch,
Denn weit von Euch führt abseits mich mein Weg.
Nein, ich begehre euren Prinzen nicht,

Denn andre Wünsche hegt mein banges Herz,
Lasst mich entflieh'n, sonst töte ich mich selbst
Und ihr empfanget schlimmen Lohn dafür!
Nehmt meine Kostbarkeiten hin und lasst
Mich schnell entflieh'n, damit ihr's nicht bereut?
Vom Halse und vom Busen riss sie dann
Die herrlichen Geschmeide und warf sie
Den Dienerinnen vor die Füsse hin.
Auch ihre Krone nahm sie ab und rief:
Nehmt alles euch und lasst mich fort von hier!

Verlockt vom Golde dachten sie nicht mehr
An den Gehorsam, den sie ihrem Herrn
Und König schuldeten. So leicht und schnell
Vergassen ihre Pflichten sie als wär'
Ihr Herr der letzte Diener in der Stadt.
Ja, ungeheuer ist des Goldes Macht,
Das einst entstanden in der Höllennacht.
Wer an dem Golde hängt, wird nimmer froh,
Denn bis zum Tode peinigt ihn die Gier.
Es kommt und geht und sättigt nimmermehr.
Das Gold bannt an die Erde unseren Geist,
So dass er nie den Himmel mehr erreicht.
Der Zofen eine gab ihr ihr Gewand
Und so verliess verkleidet sie das Schloss
Ganz unerkannt, denn schwer betrunken war
Das Hofgesinde bis zum Thürsteher.
Nach ihr entflohen die neun Zofen auch.
Sie kam zu mir gerannt und klingelte,
Vor Freude ausser mir lud ich sie ein,

Jedoch sie zürnte mir dafür und sprach:
Mit Deinem Gold hab' ich mich losgekauft
Und Gott vergelte Deine Wohlthat Dir,
Allein Dein Haus betrete ich nicht mehr,
Da ich vor jenen hier nicht sicher bin.
Gieb mir ein Pferd, damit ich schnell entkomm,
Eh' noch der König meine Flucht erfährt.
Sofort ging ich mit ihr in unsern Stall,
Band eins der allerbesten Pferde los
Und half ihr es besteigen. Hehr und schön,
Ein Mond auf einem Löwen, sass sie da.
So schwand die Ernte meiner schönen Saat.
Am Abend wurde ihre Flucht bekannt,
Mit Lärm durchzog der Sucher Schar die Stadt
Und als zu mir sie kamen, sagte ich:
Wenn ihr sie findet unter meinem Dach,
Mag mich der König strafen, wie er will!
Vergeblich war ihr langes Suchen nur
Und grollend kehrten sie ins Schloss zurück.
Seit jenem Tage trauert unser Herr
Und mit ihm alle Diener, die deshalb
Jetzt blaue Kleider tragen, wie es Brauch.

Nun sollst Du hören, warum jener Mann
Durch seine Drohung mich so sehr erschreckt.
Ich war die Ziege ihm, er war mein Bock.
Mein Mann ist hässlich und genügt mir nicht
Und jener Jüngling, der ein Höfling ist,
War mein Geliebter seit geraumer Zeit.
Wenn ich auch jetzt nicht wein', liebt' ich ihn doch

Und ihm vertrauend teilte ich ihm mit,
Wie jener Schönen ich zur Flucht verhalf.
Mich zu verraten drohte er, als er
Dich neben mir auf diesem Sofa sah.
Als ich Dich heute einlud, meinte ich,
Er sei nicht in der Stadt, allein da kam
Sein Diener eiligst her und meldete
Des Herrn Besuch für diese Nacht mir an.
Was sich noch weiter zutrug, weisst Du ja.
Hätt'st Du ihn nicht erschlagen, wäre er
Im Zorn ins Schloss gerannt und hätte dort
Verraten mein Geheimnis und was dann
Mit mir geschehen wäre, kannst Du Dir
Wohl denken, wenn Du weisst, was Rache ist.
O Gott vergelte Dir's, denn ich vermag
Dir nicht zu danken, wie Du es verdienst.
Durch Dich ward ich von jenem Mann erlöst
Und hin ist alle meine Todesangst.

Jawohl, sei ohne Angst! sprach Awtandil.
Präg' Dir gut ein, was längst geschrieben steht:
Ein schlechter Freund ist schlimmer als ein Feind
Und kein Verständiger öffnet ihm sein Herz.
Doch jetzt fass' Mut, denn jener lebt nicht mehr!
Erzähle mir, wo jetzt die Schöne weilt!

Patman erzählt Nestan's Gefangennahme.

O leicht veränderliches Menschenlos,
Wo ist der Weise denn, der Dich ergründen kann.

Nie dauert hier des Glückes Sonnenschein,
Auf heitre Tage stets ein trüber folgt.
Patman begann: So schwand die Sonne mir,
So ward entrissen mir der Mühe Frucht
Und bitter weine ich der Schönen nach.
Selbst meine Kinder freuen mich nicht mehr
Und meines Mannes Nähe quält mich nur,
Seitdem so schmachvoll er die Treue brach.
Als eines Abends schon die Sonne wich,
Ging ich betrübt bis an die Wachthäuser
Und sah dort vor dem Karawansserai
Drei Reisende und einen Sklaven, der
Gekleidet war, wie's in Arabien Brauch.
Die andern trugen grobe Kleider nur
Wie es für arme Reisende sich schickt.
Sie hatten Trank und Speise eingekauft
Und sassen heiter plaudernd nun beim Mahl.
Sie sagten: Da wir fremd einander sind,
Mag jeder doch erzählen, welch' Geschick
Ihn her in diese reiche Stadt geschickt.
Als jene schon beendigt ihre Mär,
Begann der Sklave: Brüder, wie ich seh',
Ward eine bessre Ernte mir zu teil.
Ihr heimset Hirse und ich Perlen ein.
Ja, besser ist, was ich erzählen kann.

Ich diene bei der Kadschenkönigin,
Die unlängst erst ein grosser Schmerz ereilt;
Denn seht, gestorben ist der König, der
Der Weisen und der Witwen Stütze war.

Die Kinder, die er hinterliess, erzieht
Jetzt seine Schwester Dularducht, ein Weib
Von grosser Seelenkraft und seltnem Mut.
Da starb vor kurzem ihre Schwester, die
Jenseits des Meeres im fremden Lande wohnt.
In unser Schloss zog schwarze Trauer ein
Und alle weinten bitter Tag und Nacht.
Zuwider ist mir dieser Klagelärm!
Begann Roschak, der Diener ältester.
Bis unsre Königin das Schloss verlässt
Und mit uns auszieht zur Beerdigung,
Woll'n wir nicht müssig wie die Weiber geh'n
Von uns, die wir ihm untergeben sind,
Nahm er ein hundert wackre Burschen mit
Und führte uns aufs weite Feld hinaus.
Dort überfielen wir die Kaufleute
Und machten reiche Beute überall.
Unlängst in einer finstern Nacht, als wir
Hinzogen über ein ganz ödes Feld,
Erblickten unweit wir ein helles Licht,
Das prächtig strahlte, wie der Morgenstern.
Wir näherten uns ihm und da erscholl
Ganz plötzlich in der Dunkelheit ein Ruf:
Wer seid ihr Reiter, lasst mich schnell vorbei!
Ich bin ein Bote aus Gulanscharo
Und reit' hinüber in das Kadschenland.
Wir sahen einen schönen Reiter steh'n
Und schnell umzingelten wir ihn, damit
Er nicht entfliehe. Als Roschak hierauf
Ihn näher ansah', da erkannte er,

Dass es ein Weib war, wie ein Mond so schön.
Sofort beschloss er, diese Herrliche
Ins Schloss zu nehmen für die Königin.

Wir fragten sie: O Sonnenschöne, sprich,
Wer bist Du Nachtlicht? Wem gehörst Du an?
Wer ist's, der Dir ein Leid hat zugefügt?
Sie schwieg und fing sofort zu weinen an.
Von Zeit zu Zeit entfuhr ihr nur ein Laut
Des Schmerzes, aber sonst kein einziges Wort.
Da sprach Roschak zu uns: Fragt sie nicht mehr,
Denn nicht geeignet ist der Augenblick.
Nicht leicht ist zu erzählen ihre Mär.
Das Glück ist günstig unsrer Königin
Und führt ihr heut ein Sonnenwesen zu,
Um das ein jeder sie beneiden wird.
So brachten wir sie in das Kadschenland
Und bald darauf kam ich in diese Stadt,
Da ich hier manches zu besorgen hab'.
Den Reisenden gefiel, was er erzählt,
Auch mir bereitete es Linderung,
Da ich gefunden hatte ihre Spur.
Ich rief den Sklaven hin zu mir und sprach:
Erzähle mir noch einmal Deine Mär!
Er that es gern und neue Lebenskraft
Hat dieser Trost mir Trauernden verschafft!

Ich hab' zwei Negersklaven, die geschickt
In Zauberkünsten sind und ungeseh'n
Von einem Orte zu dem andern geh'n.
Die schickte ich sofort ins Kadschenland

Um zu erfahren jener Armen Los.
Schon nach drei Tagen kehrten sie zurück
Und meldeten: Die Schöne ist im Schloss
Der Königin, die in der Ferne weilt.
Sie blendet alle wie der Sonne Glanz.
Die Königin hat sie zum Weib bestimmt
Für ihren Neffen und wenn sie zurück
Von der Bestattung ihrer Schwester kommt,
Wird stattfinden des Jünglings Hochzeitsfest.
Da ihre Reise sehr gefährlich ist,
Nahm sie die Zauberkünstler alle mit,
Jedoch die Tapfersten der Krieger liess
Sie zur Bewachung ihrer Stadt zurück,
Die noch kein Feindesheer betreten hat.
Ein hoher Fels erhebt sich in der Stadt
Und auf dem Felsen eine Burg, in der
Die schöne Trauernde gefangen sitzt.
Die Treppe, die hinauf führt in die Burg,
Wird Tag und Nacht bewacht und ebenso
Die Stadt, die unterhalb des Felsen liegt.
O Herz, wie hat das Schicksal Dich bestraft!

Mit Freude hörte Awtandil ihr zu
Und als sie endlich still schwieg, sagte er:
Gar sehr freut mich, was Du mir mitgeteilt
Und teuer bist Du meinem Herzen jetzt,
Weil Du es gern und ohne Zwang gethan.
Doch sage mir, wer sind die Kadschen denn?
Ich hörte oft, sie seien körperlos.
Das Unglück jener Schönen schmerzt mich sehr

Allein ich weiss nicht, wie ein Kadsche sich
Verlieben kann in eine Sterbliche.
Hör' zu! entgegnete hierauf Patman.
In Wirklichkeit sind Menschen sie wie wir
Und werden Kadschen deshalb nur genannt,
Weil sie durch Zauberkünste jeden Feind
Unschädlich machen, wenn er ihnen naht
Und selber aber unverwundbar sind.
Sie thuen Wunder, dass man staunen muss.
Mit Blindheit schlagen sie ein ganzes Heer.
Wenn sie es wünschen, tobt ein Sturm durch's Land,
Sie stürzen Schiffe auf den Meeresgrund,
Vor ihrem Zauber weicht die wilde Flut
Und trocknen Fusses geh'n sie durch die See.
Die Nacht verwandeln sie in hellen Tag
Und machen tagshell oft die finstre Nacht.
Deswegen werden Kadschen sie genannt,
Obgleich sie körperliche Wesen sind.

Ich danke Dir! versetzte Awtandil,
Du hast jetzt meine Schmerzensglut gelöscht.
Gar angenehm war jedes Wort von Dir.
Mit Thränen in den Augen rief er dann:
Gepriesen sei Dein Name, grosser Gott,
Der Du mein Leid hast in den Wind zerstreut.
Du stets Gewesener, Du Dauernder,
Noch nie Gehörter, nie Gesehener!

Sein Freudenrausch erheiterte Patman
Und nur noch mehr erglühte sie für ihn

Und schloss ihn leidenschaftlich an die Brust.
Er scheute sich die Wahrheit zu gesteh'n
Und wehrte ihrer Lustbegierde nicht.
Süss schwelgte sie mit ihm die ganze Nacht,
Jedoch nur ungern herzte er dies Weib
Und dachte sehnsüchtig an Tinatin zurück.
Die Ungeduld goss Feuer in sein Herz
Und mächtig riss es in die Ferne ihn.
Mit bittern Thränen sprach er bei sich selbst:
Ja, schaut nur her, schaut, wo ich bin!
Von jener fern sitz' ich, die Nachtigall,
Der Krähe gleich auf einem Haufen Mist.
Ganz stolz von Wonne herzte ihn Patman.
Ja, wenn die Krähe eine Rose trifft,
Wähnt sie gleich eine Nachtigall zu sein.
Erst, als der Morgen graute, ging er fort
Und sie beschenkte ihn sehr freigebig
Mit Kleidern, Tüchern, duftigem Salbeöl
Und Hemden von dem feinsten Seidenstoff.
Als er allein war, dachte er bei sich:
Heut' soll Patman erfahren, wer ich bin.
Er legte an sein fürstliches Gewand
Und ging zurück zu ihr zum Mittagsmahl.
Mit heiterm Antlitz trat er in's Gemach
Und als sie ihn erblickte, rief sie aus:
O jetzt kann Dir kein Weib mehr widersteh'n.
Er lächelte und sagte nichts dazu,
Jedoch im Stillen dachte er bei sich:
Die Thörin wird auch jetzt noch nichts gewahr.
Wie ein Verliebter koste er mit ihr,

Ging angeheitert nach dem Mahle fort
Und schlummerte sofort zu Hause ein.

Als gegen Abend er erwachte, liess
Patman er sagen: Komm! Ich bin allein.
Sie zögerte nicht lange und erschien
Mit Seufzen vor dem Jünglinge und sprach:
O Löwe, Deine Schönheit bringt mich um!
Er legte ihr ein weisses Kissen hin
Und froh nahm sie an seiner Seite Platz.
Dann sagte Awtandil: Das, was Du jetzt
Von mir.erfahren sollst, wird Dich gewiss
Erschrecken, wie ein böser Natterstich,
Allein die Wahrheit muss ich Dir gesteh'n.

Ein schönes Augenpaar hat mich berückt.
Für einen Kaufmann hältst Du mich, jedoch
Ich bin der erste Feldherr Rostewan's,
Der erste Held in seinem grossen Heer
Und reiche Schätze sind mein Eigentum.
Ich weiss, dass Du treuherzig bist und gern
Thu' ich Dir deshalb mein Geheimnis kund.
Hierauf erzählte er die lange Mär
Von Taryels und Nestans Missgeschick,
Nur Du allein kannst helfen ihm! schloss er.
Nur Du heilst den, den Du noch nicht geseh'n
Und dessen Wimpern so zerrissen sind
Wie eines wilden Raben Fittige.
Versag' ihm Deine Hilfe nicht, Patman!
Vielleicht bringt sie dem Armen Linderung.

16*

Das höchste Lob wird Dir und mir zu teil,
Wenn wir die Liebenden vereinigen.
Ruf Deinen Negersklaven, der geschickt
In Zauberkünsten ist. Wir schicken ihn
Sogleich ins Kadschenland zu ihr, damit
Sie Kunde habe von dem Herrlichen
Und uns mitteile, wie es ihr ergeht.
O gebe Gott, dass bald das Kadschenreich
Auf immer schwinde von dem Erdboden!

Gelobt sei Gott, der Schöpfer! rief Patman,
Was eben ich vernommen hab' von Dir,
Labt mich wie Nektar der Unsterblichkeit.
Schnell rief den Negersklaven sie herbei
Und sprach zu ihm: Eil' schnell ins Kadschenland!
Zeig' jetzt, was Deine Zauberei Dir nützt,
Ja, lösche bald die Glut, die mich durchwallt
Und frag' die Schöne nach dem Rettungsweg!
Schon morgen kehre ich zurück und bring
Das, was Dich freuen wird! versetzte er.

Patmans Brief an Nestan Daredschan.

Patman schrieb ihr: O Schöngesichtige,
O Du der höchsten Sehnsucht Würdige,
O süsse Labeworte Spendende,
Rotwangige und Lilienhalsige!
Sei's auch, dass Du mir nicht geschrieben hast,
So hab' ich doch erfahren, wo Du bist.
Auch Deine Leidgeschichte ward mir kund.

Gieb eiligst Nachricht Deinem Taryel,
Den Du vielleicht bald wiedersehen wirst.
Dich aufzusuchen ist hier angelangt
Ein Jüngling, der mit ihm verbrüdert ist
Und Rostewan, dem grossen Könige dient.
Beschreib' uns Deine Lage ganz genau!
Den Negersklaven schicken wir zu Dir,
Damit er Umschau halte in der Stadt
Und sich erkundige, ob die Königin
Von ihrer Reise schon zurückgekehrt,
Wie gross das Heer und wer sein Führer ist,
Der Dich in jener Felsenburg bewacht.
Teil alles mit, was Du erfahren kannst,
Schick Deinem Taryel ein Liebespfand
Und wandle Deinen Gram in Freude um!
Wenn Gott, der Herr, mir gnädig hilft, wirst Du
Dich bald des Anblicks Deines Teuern freu'n.

Der Sklave nahm das Schreiben in Empfang,
Warf seinen Mantel um und bald darauf
War er entschwunden jedem Späherblick.
Wie eines guten Schützen Pfeil flog er
Und als die Abenddämmerung nieder sank,
Betrat er furchtlos schon das Kadschenland,
Kein Mensch bemerkte ihn und so kam er
Ganz unbehindert in die Burg hinein.
Als Nestan Daredschan, die Herrliche,
Den rabenschwarzen Neger vor sich sah,
Erschrak sie so, dass ihrer Wangen Rot
In helle Lilienblässe überging.

Der Neger sprach: Erschrecke nicht vor mir!
Ich bin ein Sklave, von Patman gesandt.
Schau diesen Brief hier an und fürchte nichts!
Gieb Deinem Antlitz seinen Glanz zurück!
Erstaunt die Lippen öffnend nahm sie schnell
Den Brief Patmans und las ihn schluchzend durch.
Dann fragte sie: Wer ist der, der mich sucht?
Wer weiss denn, dass ich noch am Leben bin?
Der Neger sprach: Seitdem Du fort von uns,
Hat sich verdunkelt unsrer Sonne Licht.
Seit jenem trüben Tage weint Patman
Und keine Freude ihr zu Herzen geht.
Doch unlängst kam ein Jüngling in die Stadt,
Der Dich, o Herrliche, befreien will.
Deshalb hat mich Patman hierher gesandt,
Damit ich alles Nötige erfahr'!
Zur Antwort gab ihm Nestan Daredschan:
Mir scheint, dass wirklich Du die Wahrheit sprichst,
Denn mein Geheimnis wüsstet ihr sonst nicht.
Ja, leben muss mein Herzensflammer noch,
Drum soll er hören, wie der Gram mich quält.

Nestan Daredschans Brief an Patman.

Ich schreibe Dir, die Du mich treuer liebst,
Als die mich liebte, die mir Mutter war.
Vermehrt hat sich noch meiner Leiden Zahl,
Jedoch Dein Brief erfüllt mein Herz mit Trost.
Von zwei Bedrückern hast Du mich befreit
Und jetzt hab' ihrer ich ein ganzes Heer.

Ja, schlecht hat meine Hoffnung sich erfüllt.
Ich schreib' Dir, was Du zu vernehmen wünschst.
Die Königin weilt in der Ferne noch
Und mit ihr auch der Kadschen wilde Schar,
Jedoch ein grosses Heer bewacht mich hier,
Vergeblich ist Dein Trachten, glaub' es mir,
Denn dieser Kerker wird mein Grab auch sein.
Der Tapfre, der zu Dir gekommen ist,
Setzt den Gefahren sich umsonst nur aus.
O wie beneid' ich ihn, weil er geseh'n
Den Teuren, der mir über alles wert!
Verschwiegen hab' ich Dir mein Missgeschick,
Denn lahm war meine Zunge von dem Schmerz,
Der mir am Herzen nagte Tag und Nacht.
Ich bitte Dich, steh' dem Geliebten bei,
Beweg' zur Umkehr meinen Tarjel,
Halt' ihn von seinem Vorhaben zurück,
Denn gross genug ist schon mein eignes Leid.
Wenn ich erführe, dass den Herrlichen
Der Tod ereilt hat, o dann stürbe ich
Zweifachen Todes ja aus Schmerz um ihn.
Ich schicke ihm ein Stück vom Kopftuche,
Das mir der Teure einst gegeben hat,
Und das ich seitdem niemals abgelegt,
Obgleich es schwarz ist wie mein Lebenslos.

Nestan Daredschans Brief an ihren Geliebten.

Mit Thränen und mit banger Herzensglut
Schreib' ich, o Vielgeliebter, diesen Brief,
In Galle tauche ich die Feder ein

Und Deine Brust ist das Papier dazu.

O Herz, in Fesseln hält die Liebe Dich,

Bleib' gern gefesselt, mach' Dich nimmer frei!

Ja, Teurer, schaurig ist des Schicksals Gang;

Wie hell des Tages Licht auch scheinen mag,

Bin ich doch stets in dunkle Nacht gehüllt

Und bitter ist mein Leben fern von Dir.

Getrennt hat uns ein schwarzer Unglückstag,

Ich seh' nicht mehr Dein liebes Angesicht

Und kann nicht froh mit Dir, dem Frohen sein.

O wie heil' ich die Wunde, die Du schlugst?

Nie hätte ich geglaubt, dass Du noch lebst,

Ich meinte längst, dass alles schon dahin

Und ich zum Tode schon verurteilt bin.

Jetzt, da Du mir ein Lebenszeichen giebst,

Preis ich den Schöpfer laut und danke ihm,

Dass er den Gram mir überstehen half.

Dass Du noch lebst, ist Glück genug für mich.

Gedenke meiner und vergiss mein nicht,

Wie ich auch Deiner stets gedenken will

Und treu Dir bleiben bis ans Lebensend'.

Fast unglaublich ist meine Leidensmär.

Patman hat von den Negern mich befreit,

Was Gott, der Herr, ihr auch vergelten mag,

Jedoch von neuem hat das Schicksal mich

Ins Netz des Schmerzes und der Qual verstrickt

Und mich den bösen Kadschen zugeführt,

Mit denen jeder Kampf vergeblich ist.

In einem hohen Turme sitze ich,

Den aus dem Thale kaum der Blick erreicht.

Der Pfad zu mir führt über einen Fels
Und Tag und Nacht bewacht den Pfad ein Heer,
Das jeden, der ihm naht, sofort zermalmt.
Ein jeder Krieger einem Zaubrer gleicht,
Drum bleibe fern der schrecklichen Gefahr,
Denn sollt' ich Dich, o Teurer, sterben seh'n,
Würd' ich verbrennen mürbem Zunder gleich.
Jawohl, entferne mich aus Deinem Herz,
Denn längst schon bin verloren ich für Dich!
Bei Deinem teuren Haupte schwör' ich Dir,
Dass ausser Dir mich nie ein Mann gewinnt
Und wäre dieser wie drei Sonnen schön.
Nein, eher gebe ich mir selbst den Tod
Und Du nimm Dich dann meiner Seele an!
Mit Freuden steige ich ins dunkle Grab,
Wenn ich nur weiss, dass meiner Du gedenkst,
Wie ich auch Deiner stets gedenk. i will,
Denn nie verlässt die Sehnsucht mich nach Dir.
Fass frischen Mut, beweine mich nicht mehr!
Zu meinem Vater geh' nach Indien
Und stehe ihm, dem schwer Bedrängten, bei,
Denn hilflos ist er, seit Du ihn verliessest!
Ja, geh' und lindre seiner Wunde Schmerz,
Die ihm die Trennung von der Tochter schlug.
Genug hab' ich mein Missgeschick beklagt!
Denk' stets daran, dass nur ein liebend Herz
Gefühl für die Gerechtigkeit besitzt!
Zum Andenken send' ich Dir nun ein Stück
Von meinem Kopftuch, welches alles ist,
Was mir von Dir, anstatt des Glücks, verblieb.

Als sie beendet hatte diesen Brief,
Nahm sie vom schönen Haupt das schwarze Tuch
Und auf den Nacken und die Marmorbrust
Fiel ihrer schwarzen Haare Flut herab.
Der Sklave eilte mit dem Brief zurück
Und bald erschien er wieder vor Patman.
Als Awtandil erfüllt sah seinen Wunsch,
Erhob die Hände er und dankte Gott.
Hierauf begann er zu Patman: Erfüllt
Hast mein Verlangen Du zur rechten Zeit
Und kaum weiss ich, wie ich Dir danken soll.
Zur Rückkehr drängt es mich, denn schon ist hin
Die Frist, die jener mir bewilligt hat.
Bald kehre ich mit einem Heer zurück
Und geb' die Kadschen der Vernichtung preis.

Patman erwiderte: O Löwe Du,
Dein Scheiden bringt mich der Verzweiflung nah'
Und stürzt mich Trauernde in dunkle Nacht,
Jedoch beachte nicht mein Herzeleid
Und hole Hilfe, eh' die Kadschen noch
Von ihrer Reise sind zurückgekehrt,
Denn sonst wird aller Kampf vergeblich sein.
Hierauf liess er die Diener kommen, die
Pridon ihm mitgegeben und begann:
Wir waren tot, jedoch jetzt leben wir,
Die gute Nachricht giebt uns neuen Mut.
Zu Grunde geh'n soll unsrer Feinde Reich!
Kehrt schnell zurück zu Eurem Herrn
Und teilt ihm mit, was nicht erdichtet ist!

Ich selbst hab' Eile und kann deshalb nicht,
Ihn jetzt besuchen, wie es schicklich wär'.
Die ganze Beute, welche ich gemacht,
Nehmt hin zum Lohn für Euren Dienst.
Ihr habt viel mehr verdient und ich will Euch
Belohnen, wenn ich Euren Herrn besuch'.
Jetzt nehmt einstweilen unsre Beute mit!
Es ist nicht viel und Ihr habt recht, wenn Ihr
Mich geizig nennt, doch von der Heimat fern
Kann ich Euch nicht beschenken wie ich will.
Nehmt alle Schätze, die das Schiff enthält,
Fahrt auf demselben Wege schnell zurück
Und überbringt dies Schreiben an Pridon,
Der Brudertreue mir geschworen hat.

Awtandils Brief an Pridon.

Er schrieb: Pridon, Du Grosser, Glücklicher,
Der Du an Körperkraft dem Löwen gleichst,
Du Feindesblutvergiesser, tapfrer Held,
Dein jüngrer Bruder schickt Dir seinen Gruss!
Erfahren hab' ich vieles Leid, jedoch
Jetzt hat das Schicksal mich dafür beglückt.
Gelungen ist mein Werk und endlich weiss
Ich, wo die Herrliche gefangen ist,
Die jetzt dem in der Grotte Trauernden
Des Lebens Frohsinn wiedergeben soll.
Sie sitzt gefangen in der Katschenstadt,
In die ich ziehen will mit Herzenslust,
Obgleich der Kampf dort unvermeidlich ist.

Die Kadschen weilen in der Ferne noch,
Jedoch ein grosses Heer bewacht die Burg,
In welcher sie ihr Ungemach beweint.
Mit Zuversicht ist nun mein Herz erfüllt,
Denn wo Ihr seid, giebt's keine Schwierigkeit.
Was Euer Herz begehrt, führt Ihr auch aus.
Kein Mensch kann Dir und Taryel widersteh'n,
Ja, selbst der stärkste Fels erbebt von Euch.
Verzeihe mir, dass ich nicht zu Dir komm',
Da mich die Zeit zur Weiterreise drängt.
Bald sollst Du mich mit Taryel vor Dir seh'n,
Freu' Dich des Tages, der bald kommen wird!
Nichts weiter teile ich Dir heute mit.
Steh' Deinem Bruder, wie ein Bruder bei!
Viel schuld ich Deinen Dienern, welche mir
Mit Lust und seltnem Pflichtgefühl gedient.
Doch überflüssig ist mein Lob, da ja
Der über alles Lob erhaben ist,
Der je in Deinem Dienste war, o Freund.
Recht haben jene Weisen, die gesagt:
Das Gleiche bringt stets Gleiches nur hervor.

Zusammen faltete er dann den Brief.
Gab ihn den Dienern und wie es sich schickt,
Trug ihnen er noch mündlich Grüsse auf.
Hierauf bestieg er schnell sein Schiff und fuhr
Von dannen wie ein Mond so schön.
Mit Trauer trennte er sich von Patman,
Der diese Trennung tief zu Herzen ging.
Sie selbst, Ussen und ihre Dienerschaft

Begleiteten ihn weinend bis ans Schiff
Und riefen laut: O Sonne schau' uns an,
Schau' her und sieh, was Du uns angethan!
Versinken müssen wir in finstre Nacht
Und besser ist's, Du bringst uns um sofort.

Awtandil kehrt zu Taryel zurück.

Vergnügt durchschiffte Awtandil das Meer,
Denn der Gedanke Taryel zu seh'n,
Erfüllte ihn mit neuer Lebenslust.
Voll Hoffnung sah zum Himmel er empor
Und dankte Gott für das verliehne Glück.
Schon war der Frühling da und Feld und Wald
Bedeckte wieder frisches junges Grün.
Bald zeigten sich die ersten Rosen auch.
Tief seufzte er bei ihrem Anblicke,
Denn sie bedeuteten die Wiederkehr.
Mit Thränen riss er eine Rose ab
Und küsste sie mit seinem Rosenmund.
O gerne blicke ich Dich an, sprach er,
Denn Du erinnerst mich an Tinatin.
Auf öden Wegen ritt er eiligst fort,
Durch Gegenden, die ihm ganz unbekannt.
Mitunter springt ein Löwe durch das Gras,
Jedoch zu Boden streckt ihn schnell sein Pfeil.
Nach vielen Tagen steter Wanderung
Erblickte er die ihm bekannte Schlucht
Und freudig fing sein Herz zu pochen an.
Da sind die Felsen, wo mein Taryel wohnt,
Um den ich so viel Leid erlitt, sprach er.

Wohl bin ich wert, sein Angesicht zu schau'n,
Jedoch wenn er den Ort verlassen hat,
War fruchtlos alle meine Mühe nur
Und ich weiss nicht, was ich beginnen soll.
Wenn er auch hier noch wohnt, streift er gewiss
Auf diesen Feldern so wie einst umher.
Dies sagend wandte er sich um und ritt
Den Feldern zu. Mit lauter Stimme sang
Er froh ein Lied und rief den teuren Freund
Beim Namen, aber kaum erklang sein Ruf,
Als er Taryel im Grase stehen sah.
In seiner Hand hielt er das blanke Schwert,
Denn einen Löwen hatte er erlegt
Und noch war rot vom Blut der scharfe Stahl.

Als er den Freund erblickte, warf er schnell
Sein Schwert zu Boden und lief auf ihn zu.
Vom Ross sprang unwillkürlich Awtandil
Und fiel dem längst Ersehnten an die Brust.
Sich küssend und umarmend standen sie
Ganz wortlos eine Weile da, doch dann
Versetzte Taryel: Dein Anblick, Freund,
Macht mich vergessen alles Ungemach.
Mit Thränen sprach er noch manch süsses Wort,
Allein da lächelte ihn jener an
Und seine Rose öffnend sagte er:
Gar frohe Botschaft bringe ich Dir mit,
Von neuem blühen jetzt die Blumen auf,
Die schon hinwelkten von des Winters Frost.
O Bruder, sagte weinend Taryel,

Dass ich Dich sehe, ist mir Glück genug
Und sonst begehrt mein armes Herz nichts mehr.
Scherz nicht mit mir, denn nie erlangt der Mensch,
Was ihm vom Himmel nicht beschieden ist.

Als Awtandil des Freundes Zweifel sah,
Verlor er die Geduld und eiligst zog
Er Nestans Kopftuch und den Brief hervor.
Wie rasend stürzte jener auf ihn zu,
Entriss ihm beides, öffnete den Brief
Und fiel besinnungslos zu Boden hin.
Erblasst sank auf die Brust sein schönes Haupt
Und nur vergebens suchte Awtandil
In ihm zu wecken neue Lebenskraft,
Denn einer Last gleich, lag das neue Glück
Auf seinem Herzen und erdrückte ihn.
Bestürzt rief jetzt laut weinend Awtandil:
Kein Rasender vermöchte das zu thun,
Was ich dem Freund soeben angethan!
Warum goss ich so schnell den Wasserstrom
In diese Glut, die schwer zu löschen ist?
Wie Unglück, bringt ja auch das Glück den Tod,
Wenn seine Kunde unerwartet kommt.
Den besten Freund hab' ich nun umgebracht
Durch nichts als meine Unbesonnenheit.
Dem Unbesonnenen gelingt hier nichts.
Die Langsamkeit, die so verrufen ist,
Taugt mehr, als die gepriesne Schnelligkeit.

Noch immer regte sich nicht Taryel
Und lag wie eine Leiche stumm im Gras.

Da raffte Awtandil sich plötzlich auf
Und lief nach Wasser, aber unweit schon
Fand er den Löwen, schöpfte mit der Hand
Sein Blut und goss es jenem auf die Brust.
Den Löwen weckte er mit Löwenblut.
Am ganzen Leib erbebte Taryel,
Schlug bald darauf die matten Augen auf
Und seine Kräfte sammelnd richtete
Er sich mit grosser Anstrengung empor.
Gar blass war jetzt des schönen Mondes Licht,
Nachdem getroffen ihn der Sonne Strahl.
Der Rose giebt des Winters Frost den Tod
Und in der Sommersonne welkt sie auch.
Bald kühlt der Frost, bald brennt die Sonnenglut
Und stets giebt's eine Wunde, welche schmerzt.
Nicht anders ist es mit dem Menschenherz,
Das in der Freude wie im Grame ächzt,
Denn nichts Vollkommenes giebt ja das Erdenglück
Wer ihm vertraut, der ist sein eigner Feind.
Von Freude ganz berauscht las Taryel
Den Brief der teuren Schöngesichtigen.
Ein Strom von heissen Wonnethränen quoll
Aus seinen Augen ohne Unterlass.
Da sagte Awtandil: Es schickt sich nicht,
Dass Du jetzt wie ein schwacher Knabe weinst.
Steh' lieber auf und folge mir zu der,
Die Deiner längst mit banger Sehnsucht harrt.
Heut' wollen wir zusammen fröhlich sein,
Dann zieh'n wir eiligst in der Kadschen Land,
Wohin das Schwert den Weg uns bahnen wird.

Zermalmen soll sie unser starker Arm
Und mit der Schönen kehren wir zurück.

Beruhigt fragte Taryel den Freund
Nach allem, was die Herrliche betraf,
Er schaute froh ihn an und sein Gesicht
Erstrahlte von der hohen Wonneglut
Wie ein Rubin im hellen Sonnenschein.
Er dankte Awtandil und sprach hierauf:
Des allerhöchsten Lobes bist Du wert.
So wie der Bach des Thales Fluren tränkt,
Hast Du mich halb Verschmachteten erquickt.
Nur Gott kann Dir vergelten Deine Müh'!
Dann stiegen sie zu Ross und ritten froh
Zu Asmat hin, der Schmachtenden, die jetzt
Empfangen sollte frischen Labetrunk.
Im Hemde sass sie vor der Grotte da,
Als jene nahe kamen mit Gesang.
Unangekleidet wie sie war, sprang sie
Erfreut entgegen beiden Jünglingen,
Denn ihres Liedes heitrer Glockenklang
Erweckte Zuversicht und Trost in ihr,
Obgleich ihr alles unbekannt noch war.
Hör Asmat, riefen ihr die beiden zu,
Gott hat uns seine Gnade zugewandt!
Sie ist gefunden, die verloren war,
Der Gram ist hin und Freude lächelt uns.

Von seinem Pferde sprang nun Awtandil
Und stürmisch zog er Asmat an die Brust.

Rustaweli, Der Mann im Tigerfelle.   17

Auch sie umfing die Piniengestalt
Und Hals und Wangen küssend bat sie ihn,
Ihr schnell zu sagen, wie's geschehen sei.
Da gab ihr Awtandil den Brief von der,
Die ihr einst schwesterlich war zugethan.
Freu' Dich mit uns, o Teure, sagte er,
Schau' her, das ist der Schwergeprüften Hand!
Der Schatten flieht jetzt und die Sonne scheint.
Als Asmat ihre Hand erkannte, fiel
Es ihr vom Herzen wie ein schwerer Stein.
Mit Staunen starrte sie das Schreiben an
Und zitterte vom Scheitel bis zur Zeh'.
Was seh' ich? Ist das möglich? rief sie aus.
Hab' keine Furcht! versetzte Awtandil,
Nicht Lügen, sondern Wahrheit bring' ich Dir,
Der Freude helle Sonne scheint uns jetzt
Und nicht mehr fürchten wir die Finsternis.
Das Gute hat das Böse nun besiegt,
Denn nur des Guten Herrschaft hat Bestand.
Vom Glück berauscht umarmte Taryel
Die treue Asmat und auch diese schlang
Die Arme zitternd um des Jünglings Hals.
Ja, Gott, der Herr verlässt den Menschen nie,
Jedoch verzweifelnd glaubt der Mensch es nicht.

Dann sprachen sie ein heisses Dankgebet
Und setzten sich zum kargen Mahle hin.
Hör', teurer Freund, begann jetzt Taryel,
Vernehmen sollst Du, was Du noch nicht weisst.
Seit jenem Tage, da der Dewen Schar

Vernichtet wurde durch mein scharfes Schwert,
Liegt hier ein Schatz, der unermesslich ist,
Ich selbst hab' ihn bis jetzt noch nicht berührt,
Denn andern Dingen galt mein Herzensdrang.
Komm, schauen wir, wie gross der Reichtum ist
Gefolgt von Asmat gingen beide hin.
Sie brachen vierzig starke Thüren auf
Und sah'n von Schätzen vierzig Kammern voll.
In Haufen lagen Edelsteine da,
Darunter Perlen, gross wie Spielbälle
Und Gold in solcher Menge, dass kein Mensch
Abschätzen könnte seinen wahren Wert.
Der vierzig Kammern jede war gefüllt
Mit Kostbarkeiten und die letzte barg
Daneben Waffen noch und Rüstungen
Und eine Truhe, die die Aufschrift trug:
Hier liegen Waffen wunderbarer Art.
Der Kampf der Kadschen mit den Dewen wird
Ein heisser sein. Ein Königsmörder ist
Der, der die Truhe hier zu öffnen wagt,
Eh' der verhängnisvolle Tag erscheint.
Als sie den Deckel hoben, fanden sie
Drei schöne Rüstungen mit Helm und Schwert.
Ein jedes Stück der schönen Waffen lag
In einer teuren Schachtel von Smaragd.
Schnell legte jeder einen Panzer an
Und dann versuchten sie der Schwerter Kraft.
Wie einen mürben Strick zerhackten sie
Ein dickes Eisenstück mit einem Hieb.
Einstweilen ist auch das für uns genug!

Frohlockten sie. Das Glück begünstigt uns,
Unendlich ist die Gnade Gottes doch.
Ein jeder nahm sich eine Rüstung mit,
Die dritte wurde für Pridon bestimmt
Und diese banden sie zusammen fest.
Auch schöne Perlen nahmen sie und Gold
Und schlossen dann die Thüren wieder zu.
Heut' wetze ich mein Schwert, sprach Awtandil,
Doch morgen in der Frühe zieh' ich fort.

Taryel und Awtandil begeben sich zu Pridon.

Als vor dem Morgenlicht die Nacht entfloh,
Verliessen sie mit Asmat diesen Ort.
Bis sie das Land Pridons erreichten, nahm
Sie jeder eine Strecke auf sein Pferd,
Allein dort kauften sie für schweres Gold
Ein drittes Pferd und ritten wohlgemut
Und ohne Führer durch des Freundes Land.
Auf einer grünen Wiese weidete
Pridons Rossherde, die gar stattlich war.
Hör', sagte Taryel zu Awtandil,
Ich weiss, dass Du das Scherzen wohl verstehst,
Drum treiben wir zum Scherz die Herde fort
Und wenn Pridon uns einholt und erkennt,
Wird unser lustiger Einfall ihn erfreu'n.   .
Die Hirten machten eiligst Feuer an,
Als sie die Fremdlinge ankommen sah'n.
Wer seid ihr! riefen sie. Was wollt ihr hier?
Die Rossherde gehört Pridon, dess Arm

Mit Leichtigkeit den stärksten Feind zermalmt.
Die Bogen spannend drangen beide vor,
Jedoch die Hirten floh'n und schrien laut:
Helft, helft, denn Räuber überfallen uns!
Erschrocken lief schnell alles Volk herbei
Und auch Pridon mit einer Kriegerschar.
Da schloss ein jeder schnell sein Helmvisir
Und erst als er ganz nahe vor ihm stand,
Schlug Taryel das seinige zurück
Und sprach: Ist unsre Ankunft Dir nicht angenehm,
Dass Du wie Feinden uns entgegen kommst?
Als ihn Pridon erkannte, sprang er schnell
Vom Pferd, verneigte sich vor ihm und gab
Ihm dann mit Lächeln den Begrüssungskuss.
Auch andre, die ihn kannten, küssten ihn.
Gott preisend für sein Glück, sprach er hierauf:
Warum habt Ihr so lange denn gesäumt?
Seit vielen Tagen schon erwart' ich Euch
Und bin zu jedem Freundesdienst bereit.

Nach Hause zogen nun mit Fröhlichkeit
Die beiden Sonnen und der schöne Mond.
Im Schlosse angekommen brachten sie
Dem Freund die Rüstung zum Geschenke dar
Und sagten: Augenblicklich haben wir
Kein besseres Geschenk für Dich, denn weit
Liegt unser Schatz, den wir Dir zugedacht.
Pridon bedankte sich sogleich und sprach:
Von Euch frommt mir kein anderes Geschenk.
Die Nacht verblieben sie in seinem Schloss,

Er führte sie ins Bad und brachte dann
Für jeden ein Gewand von teurem Stoff,
Und eine goldne Schüssel, die gefüllt
Mit Perlen und mit Edelsteinen war.
Am nächsten Morgen sagte er: Es schickt
Sich allerdings für einen Hausherrn nicht
Zum Aufbruch zu ermahnen seinen Gast,
Jedoch wir müssen eilen, denn der Weg
Ist weit und wenn die Kadschen schon zurück
Gekehrt sind von der weiten Seereise,
Wird unser Kampf ein doppelt schwerer sein.
Nur hindernd ist für uns ein grosses Heer,
Drum nehmen wir dreihundert Tapfere
Und brechen schnell auf nach der Kadschenstadt,
Damit sie fühle unsrer Schwerter Wucht!
O bald erblicken wir die Herrliche.
Die Kadschenstadt ist mir nicht unbekannt.
Von keiner Seite ist sie zugänglich,
Denn steile Felsen stehen ringsumher.
Hinein gelangen kann man nur durch List
Drum folge uns nur eine kleine Schar!

Gern nahmen sie des Freundes Vorschlag an,
Die treue Asmat liessen sie zurück
Und zogen mit dreihundert Kriegern fort.
Am Ende giebt Gott denen doch den Sieg,
Die anfangs schweres Leid erduldeten.
Nicht rastend zogen sie bei Tag und Nacht
Und legten schnell den weiten Weg zurück,
Als sie der Stadt schon nahten sprach Pridon:

Bei Nacht nur rücken wir jetzt weiter vor,
Damit man unser Kommen nicht bemerkt.
Sein Rat gefiel den beiden und das Heer
Blieb stehen bis zur Abenddämmerung:
Dann brach es auf und bald kam auch in Sicht
Die Felsenburg. Der vielen Wachen Ruf
Scholl bis zu ihnen aus der Ferne her.
Im Mondschein sahen sie die Feinde steh'n
Und sagten: Vorsicht ist das Beste stets
Und mehr vermögen hundert Kämpfer oft
Als Tausende, wenn sie besonnen sind.

Kriegsrat und Einnahme der Kadschenstadt.

Pridon begann: Hört meine Meinung an:
Ich glaube, dass ich nicht ganz unrecht hab'.
Nicht wagen dürfen wir den offnen Kampf
Und tausend Jahre können wir hier steh'n,
Wenn unser Feind die Thore vor uns schliesst.
Als Knabe lernte ich die Gymnastik
Und bin ein Seilgänger wie's wenige giebt.
Drum wenn es uns gelingt auf jenen Turm
Ein Seil zu werfen, steige ich hinauf
Und öffne Euch mit Leichtigkeit das Thor.
Hierauf entgegnete ihm Awtandil:
Wir zweifeln nicht an Deinem Löwenmut,
Jedoch schwer auszuführen ist Dein Plan.
Hörst Du denn nicht der vielen Wachen Ruf?
Wenn sie vernehmen Deiner Waffen Klang,
Ist es um Dich, o tapfrer Freund, gescheh'n.
Nein, besser ist's, wir überlisten sie.

Ein Reisender, der keinen Argwohn weckt,
Hat immer freien Eintritt in die Stadt.
Ich lege schlichte Kaufmannskleider an
Und komme ohne Hindernis hinein.
Schnell nehme ich die Waffen dann zur Hand,
Bahn' einen Weg mir durch der Wächter Schar
Und mache Euch sofort die Thore auf.
Wenn Ihr noch Bessres wisst, so sagt es mir
Und gern befolg' ich Euren guten Rat.

Ich kenne euren Mut, sprach Taryel,
Von Eurem Mut zeugt auch der kühne Plan.
Ja, nicht umsonst wollt führen ihr das Schwert
Und Euer Herz verlangt nach heissem Kampf.
O gern streit ich' an Eurer Seite mit,
Jedoch bedenkt, wie ich mich schämen müsst',
Wenn meine Herrliche den Schlachtlärm hört,
Von ihrem Turme Euch im Kampf erblickt
Und mich allein hier müssig stehen sieht.
Nein, besser ist, was ich Euch sagen will.
Sobald es tagt, nimmt jeder hundert Mann,
Von drei verschiednen Seiten geh'n wir vor
Und stürzen uns auf sie mit solcher Wucht,
Dass sie der Rosse Huf zerstampfen wird.
Pridon erwiderte: Ja, Du hast Recht,
Dein Pferd, das ich Dir zum Geschenke gab,
Hält auch der stärkste Mann im Lauf nicht auf.
Als ich's Dir schenkte, wusste ich noch nicht,
Dass mit den Kadschen ich einst kämpfen soll,
Sonst hätte ichs Dir damals nicht geschenkt.

Ja, höre nur, wie ich aufrichtig bin!
Laut lachten beide über seinen Scherz
Und warfen ihm noch manches Witzwort zu.
Dann stiegen sie von ihren Rossen ab
Und trafen Vorbereitungen zur Schlacht.
Wie Taryel geraten hatte, nahm
Ein jeder hundert Tapfere mit sich
Und als es tagte, brachen alle auf.
Verderblich war den Feinden ihre Kraft
Wie den Beschauern ihrer Schönheit Glanz.
Schaut an das Bild, das Euch ihr Schalten zeigt!
Wenn aus den Wolken sich die Flut ergiesst,
Rauscht wild der Giessbach in das Thal hinab
Und brausend nimmt ihn dort ein andrer auf,
Jedoch mit Ruhe fliesst zum weiten Meer,
Hin durch die Ebene der breite Strom.
Pridon und Awtandil sind Helden zwar,
Allein noch tapferer ist Taryel.
Jetzt hört von ihrem Kampfe den Bericht!

Ein jeder nahm ein hundert Recken mit
Und rückte einem der drei Thore zu.
Anfänglich ritten sie wie Reisende
Gemächlich, lautlos auf der Strasse hin
Und jene ahnten nichts vom Überfall.
Dann setzten sie die Helme plötzlich auf
Und sprengten mit der Peitschen lautem Knall
Stracks durch die Thore in die Stadt hinein.
Bestürzt lief alles Volk vor ihnen her
Und froh die Hörner blasend zogen sie

Der Burg zu, wo die Sonnenschöne sass.
Wie ein Orkan entlud sich Gottes Zorn
An jenem Tage auf die Kadschenstadt.
Ergrimmt nahm Kronos ihr der Sonne Licht,
Ihr Glück entschwand und jede Gasse war
Mit Toten und Verwundeten bedeckt.
Gleich Donnerrollen dröhnte durch die Luft
Die Stimme Taryels und wie betäubt
Sank jeder um. Fast ohne Widerstand
Erlag das ungeheure Feindesheer.
Am Fuss der Burg begegnete Pridon,
Der Löwe, seinem Bruder Awtandil,
Doch Taryel war ihrem Blick entrückt.
Um ihn zu suchen wandten sie sich kühn
Der Burg zu und hier sahen sie ein Bild
Der schrecklichsten Verwüstung weit umher.
Inmitten von zerbrochnen Waffen lag
Entseelt die Kriegerschar des Feindes da.
Ein jeder war mit Wunden ganz bedeckt,
Die Panzerhemde Leinwand gleich zerfetzt
Und offen stand der Burg zerbrochne Thür.

Das hat der tapfre Taryel vollbracht!
Rief einer schnell dem andern jauchzend zu
Und beide eilten weiter in die Burg,
Hier sahen sie sofort, dass schon der Mond
Entschlüpft dem Drachen war, denn Taryel
Stand siegestrunken schon vor Daredschan.
Erfreut umarmten sie den teuren Freund
Und wünschten ihm zu seinem Siege Glück.

Gar schön und lieblich ist es anzuseh'n,
Wenn auf die Rose hell die Sonne scheint.
Die, die bisher erfuhren schweres Leid,
Wird jetzt bescheinen hoher Freude Glanz.
Zum wiederholten Male küssten sie
Einander herzlich, traten dann zurück
Und neigten vor der Herrlichen das Haupt
Wie es geladne Gäste immer thun.
Süss lächelnd grüsste sie die Reizende
Und jeden ihrer Retter küssend sprach
In schönen Worten ihren Dank sie aus,
Worauf sie Höfliches erwiderten.
Von den dreihundert Kriegern waren nur
Ein hundert und noch vierzig unversehrt
Und trotz der Freude über seinen Sieg
Beweinte Taryel der Tapfern Tod.
Vertilgt ward dann der Feinde letzter Rest
Und ausgeleert der reiche Königsschatz.
Drei tausend Maultiere beluden sie
Mit Gold und Kostbarkeiten, setzten dann
In eine Sänfte Nestan Daredschan
Und zogen in das Land des Meerkönigs.
Der Weg dorthin war zwar sehr weit und schwer,
Jedoch besuchen wollten sie Patman,
Denn ihr verdankten sie ja all ihr Glück,

Taryel begiebt sich zum Meerkönig und dann zu Pridon.

Er schickte Boten hin zum Meerkönig
Und liess ihm sagen: Herr, ich Taryel,

Der ich den Feind besiegt hab' und vertilgt
Erscheine bald vor Deinem Angesicht
Um Dir zu sagen, wie ich Dich verehr'.
Des Herzens Vielgeliebte bring' ich mit.
In meiner Hand ist nun der Kadschen Land
Und alle ihre Schätze. Euch allein,
Ja Dir und Deiner grossmütigen Patman,
Die Nestan treu wie eine Mutter war,
Verdanke ich das nun erlangte Glück.
Komm' mir entgegen, Herr, das Kadschenreich
Bring ich Dir gerne zum Geschenke dar,
Jedoch da mich die Zeit zur Eile drängt,
Kann ich Dich nicht besuchen in der Stadt,
Drum komm' Du unverzüglich her zu mir
Und bringe auch Patman, die treue mit!
Unendlich wird ihr Anblick die erfreu'n,
Die sie vom Untergang gerettet hat
Und sie auch wird die gerne wiederseh'n,
Die heller als des Himmels Sonne strahlt.

Mit grosser Freude nahm der Meerkönig
Die frohe Botschaft an und dankte Gott
Für diese gute Wendung des Geschicks.
Sofort stieg er zu Ross, nahm alles mit,
Was zu der langen Reise nötig war
Und zog hierauf, begleitet von Patman,
Entgegen jenen Heldenjünglingen.
Zehn Tage währte ihre Reise nur
Und als sie nahten, traten jene drei
Sofort aus ihrer Kriegerschar hervor.

Der König stieg von seinem Rosse ab,
Gab jedem lächelnd den Begrüssungskuss
Und wünschte Taryel zu seinem Siege Glück,
Wofür ihm dieser seinen Dank aussprach.
Vor Wonne bebend stürzte sich Patman
Auf Nestan, küsste ihr Gesicht und Hals.
Dann Hand und Füsse und rief freudig aus:
O Herr, verscheucht hast Du die Finsternis
Und Dir allein will dienen ich fortan,
Denn keine Dauer hat das Böse hier
Und Deine Güte nur währt ewiglich.
Patman umarmend sagte Daredschan:
Durch Glück hat Gott mein banges Herz erhellt
Und wieder blüht mein welker Körper auf,
Als Rose prange ich im Sonnenschein.
Der König dankte für das Kadschenland
Und gab den Glücklichen ein schönes Fest,
Das eine ganze Woche dauerte.
Verschenken liess er Kostbarkeiten viel
Und auf verstreute Münzen trat das Volk
Als wären's Kieselsteine ohne Wert.
Ein schönes Ruhebett von reinem Gold
Und ein Hyazinthenkrone gab
Er Taryel, und Nestan Daredschan
Ein Kleid mit Edelsteinen reich besetzt,
Pridon und Awtandil ein schönes Pferd,
Dann einen Sattel und ein Prachtgewand.
Wie sollen wir Dir danken? riefen sie.
Mag unerschöpflich stets Dein Reichtum sein!
Mit schönen Worten dankte Taryel,

Worauf der Meerkönig erwiderte:
O grosser König, leider kann ich nicht
Dich so beschenken wie es Dir gebührt.
Mit Schmerzen scheide ich von Dir, o Held!
Dann wandte Taryel sich zu Patman:
O Schwester, keine Schwester thäte das,
Was Du, o Teuerste, für mich gethan!
Nimm unvergolten alle Schätze hin,
Die ich im Kadschenland erbeutet hab'.
Patman verneigte sich vor ihm und sprach:
In eine grenzenlose Schmerzensglut
Versinke ich, wenn Du Dich von uns trennst,
O glücklich ist, wer stets bei Dir sein darf
Und unglücklich, wem sich Dein Bild entrückt.
Zum Meerkönig gewandt, begannen dann
Die beiden Jünglinge: Wenn Du uns fern,
Ist auch der frohste Schmaus kein Schmaus für uns.
Wir wollen weder Tanz noch Lautenspiel,
Jedoch wir eilen, deshalb lass' uns zieh'n!
Wie einen Vater wollen wir Dich stets
Bewahren inniglich in Herz und Sinn,
Allein hier warten dürfen wir nicht mehr,
Gieb uns ein Schiff, das uns nach Hause bringt!
Der König sprach: Mein Leben geb' ich gern
Für Euch, o beste Freunde, hin, jedoch
Wenn Ihr nicht länger bleiben könnt bei mir,
Zieht hin, und Euer Arm beschütze Euch!

Als sie das Schiff bestiegen, weinte laut
Ein jeder, der von ihnen Abschied nahm.

Sie wiederholten sich den Freundschaftsschwur
Und schifften wohlgemut durch's weite Meer,
Denn aller Trübsal waren sie entrückt.
Zu Asmat und den Reichsgrossen Pridons
Entsandten sie die Botschaft vor sich her:
Es kommt die Sonne, die den Blick ergötzt!
Wir, die wir froren, frieren jetzt nicht mehr.
Am Ufer angekommen, setzten sie
In eine Sänfte Nestan Daredschan
Und zogen munter singend weiter fort.
Wie Kinder freuten sie sich ihres Glücks.
Als sie sich näherten der Stadt Pridons,
Kam sie zu grüssen alles Volk heraus
Und auch der Grossen reich geschmückter Tross.
Erfreut, von allem frühern Kummer frei
Umarmte Asmat Nestan Daredschan
Und drückte bebend sie an ihre Brust.
Sie küssend sagte diese: Wehe mir,
Die ich Dir solches Leid bereitet hab'!
Wie soll ich Dir vergelten Deine Treu'?
Ich danke Gott, dass ich Dich wiederseh',
Versetzte Asmat, jetzt seh' ich dem Tod
Entgegen ohne Schmerz und Traurigkeit.
Ja, inniger kann keine Liebe sein
Als die, die Herrn und Diener frei vereint.
Die Grossen riefen, sich verneigend, aus:
Gelobt sei Gott, der Euch so hoch beglückt
Und frei von Gram zu uns zurückgeführt!
Die Wunden, die uns unser Schöpfer schlägt,
Kann wahrlich niemand heilen, ausser ihm.

Zu Taryel hintretend küssten sie,
Die Häupter tief verneigend, ihm die Hand
Und er begann: Für uns gefallen sind
Viel Eurer Brüder und ihr Opfermut
Hat ihnen eingebracht die Seligkeit
Und noch vergrössert ihren hehren Ruhm.
Sehr schmerzt mich jener Tapfern Tod
Und nur ihr Himmelsglück verschafft mir Trost.
Zu weinen fing er an, als er dies sprach
Und mit ihm weinte jeder, der's vernahm,
Denn jeden schmerzte die Erinnerung.

Hierauf versetzten sie: O schöner Held,
Nicht trauern soll, wer Dir in's Antlitz schaut!
Glaub's, Deiner Thränen würdig ist kein Mensch
Der Tod für Dich ist ja ein gröss'res Glück
Als es das Erdenleben bieten kann.
Pridon erfüllte gleichfalls ihn mit Trost,
Auch Awtandil sprach sanft sein Beileid aus
Und fuhr dann fort: Jetzt, da der Löwe sich
Mit der Verlorenen vereinigt hat,
Lasst von dem Trauern und dem Klagen ab!
Sie zogen ein in Mulghasansari
Mit Hörnerklang und lautem Paukenschall.
Die Kaufleute verliessen den Bazar,
Durch alle Strassen drängte sich das Volk
Und nur mit Mühe hielt der Wächter Schar
Die grosse Menge Schaulustiger zurück.
Vor dem Palaste stiegen alle ab.

Viel reich geschmückte Diener standen hier
Und legten Goldstoff auf die Freitreppe,
Als sie der Gäste frohe Schar betrat.
Auch goldne Münzen streuten sie umher
Um alle Armen heute zu erfreu'n.

Taryels und Nestans Hochzeit bei Pridon.

Ein rötlich weisser Thron ward hingestellt
Für Taryel und seine schöne Braut.
Ein zweiter noch dazu für Awtandil
Und dieser war von Farbe schwarz und gelb.
Mit Ernst und Würde nahmen sie d'rauf Platz,
Sie, deren Anblick eine Wonne war.
Dann kamen Sänger in den schönen Saal
Und mit Gesang begann das Hochzeitsfest.
Aus seinen Schatzkammern liess jetzt Pridon
Die Hochzeitsgaben bringen vor den Thron,
Neun Perlen, die wie Gänseeier gross,
Dann einen Edelstein mit Sonnenglanz,
Bei dessen Schimmer selbst in finst'rer Nacht
Ein Künstler malen könnt' das schönste Bild.
Ein Prachtgeschmeide von Rubinen, die
Geschliffen waren, einen Teller dann,
Auf dem ein Haufen schöner Perlen lag.
Zuletzt noch wurden Goldstoffe gebracht
Und süsse Worte spendend bot Pridon
Die reichen Gaben seinen Gästen dar.
Schön, klangvoll war das Dankwort Taryels.
Acht Tage währte dieses Hochzeitsfest

Und täglich mehrte sich der Gaben Zahl.
Nicht einen Augenblick schwieg die Musik
Und frohe Lieder hallten durch das Schloss.
Als schon das Freudenfest zu Ende ging,
Sprach Taryel zu seinem Freund Pridon:
Ich weiss, dass Du mich wie ein Bruder liebst.
Nie kann ich Dir vergelten Deinen Dienst,
Auch Awtandil hat viel für mich gethan
Und deshalb will ich auch sein Helfer sein.
Geh', frage ihn, was ich beginnen soll
Um alle Glut zu löschen, die ihn quält.
Sag' ihm: O Bruder, unvergeltbar ist
Der Liebesdienst, den ich von Dir erfuhr,
Drum mag Dein Lohn des Himmels Gnade sein!
Wenn ich nicht stille Deinen Herzenswunsch,
Mag ich die Heimat nicht mehr wiederseh'n
Und keine Ruhe finden in der Welt,
Sei's in der Hütte oder im Palast.
Ich mein', am besten ist's, wenn ich mit Dir
Hin nach Arabien ziehe. Ja, sei Du
Mein Führer nun! Mit guten Worten und
Mit unserm Schwert gelangen wir ans Ziel.
Wenn ich Dich nicht mit der vereinige,
Die Deinem Herzen über alles wert,
Mag ich verlieren mein geliebtes Weib!

Als Awtandil des Freundes Wort vernahm,
Versetzte er mit Lächeln: Ich bedarf
Der Hilfe nicht, da mich kein Leiden quält.
Die Herrliche, der meine Liebe gilt,

Entbehrt der Freuden dieses Lebens nicht.
Von Gottes Gnaden ist sie Königin
Und hehr und ruhmvoll sitzt sie auf dem Thron,
Fern, unerreichbar jeder Feindeshand.
Wenn der von Gott bestimmte Tag erscheint,
Werd' ich erlangen schon das hohe Glück,
Das ich bis jetzt vergebens nur gesucht.
Ja, gehe hin und sage Taryel:
Wofür bedankst Du Dich, o Freund, bei mir,
Da ich ja nur den Mutterleib verliess
Um Dir zu dienen, wie es Dir gebührt.
Du sagtest, dass Du mich vereinigen willst
Mit Tinatin, und dieser schöne Wunsch
Beweist von neuem mir, wie gut Dein Herz.
Jedoch hierzu bedarf ich nicht des Schwert's,
Auch keiner langen Reden, aber wohl
Der Gunst und Gnade, die von oben kommt.
Jetzt hör' den Wunsch, den ich im Herzen nähr'!
Mit der, die wie des Himmels Sonne strahlt,
Will ich Dich auf dem Throne Indiens seh'n
Als mächtiger Herrscher, dem kein Feind sich naht,
Und dann erst zieh' ich nach Arabien
Zur Vielgeliebten, welche meiner harrt.
Nun weisst Du alles, was mein Herz erfüllt.

Als Taryel des Freundes Wort vernahm
Sprach er: Was er mir wünscht, soll auch gescheh'n
Sich zu Pridon dann wendend sagte er:
Geh' hin und teil ihm mit, dass ich durchaus
Den sehen muss, der ihn erzogen hat.

Ja, seinen väterlichen Herrn will ich
Persönlich bitten um Entschuldigung
Für alles Leid, das ich ihm zugefügt.
Mag dies daher die letzte Botschaft sein,
Denn nichts bringt mich von meinem Vorsatz ab
Schon morgen reise ich zu Rostewan.
Die Antwort Taryels war Awtandil
Zwar nicht willkommen, doch er fügte sich
Dem mächtigen Wort, als sei es ein Befehl.
Sehr ehrfurchtsvoll soll stets der Unterthan
Sich seinem Könige und Herrscher nah'n!
Zu Taryel ging eiligst Awtandil,
Fiel auf die Knie demütig vor ihm
Und seine Füsse küssend sagte er:
Genug versündigt habe ich mich schon
An Rostewan, drum thu' mir das nicht an,
Damit nicht meine Schuld noch grösser wird!
Der Himmel segnet solche Thaten nicht.
Wie kann ich dem die Treue brechen, der
Mir wie ein Vater stets gewogen war?
Wie kann ich mich erkühnen mit Gewalt
Die zu entführen, die mir gerne folgt?
Wie kann ein Diener gegen seinen Herrn
Das Schwert ziehn, das ihm dieser gab?
Nein, dieser Schritt verschlösse mir ihr Herz,
Verbannen würd' sie mich aus ihrer Näh'
Und keine Macht der Erde könnte sie
Bestimmen, diese Schuld mir zu verzeih'n.

Süss lächelnd gab ihm Taryel die Hand
Und sprach: Nur Dir verdank' ich all mein Glück,
Drum will ich Dich, o Freund, auch glücklich seh'n.
Nicht allzugross darf jene Ehrfurcht sein,
Die der Geliebte der Geliebten zollt.
Wenn sie mich liebt, so liebe sie mit Glut,
Denn sonst ist's besser ja, wir trennen uns.
Da Deine Tinatin Dich liebt,
Wird sie sich freu'n, wenn ich als froher Gast
In Deinem Namen bitt' um ihre Hand.
Nur kurz und schlicht soll meine Rede sein,
Doch so, dass Rostewan den Sinn errät.
Als Awtandil nach langen Bitten sah,
Dass Taryel nicht zu bewegen war,
Gab er ihm endlich seine Zustimmung.
Pridon nahm eine auserwählte Schar
Von Kriegern mit und alle zogen fort.

Rückkehr nach Arabien.

Ein alter Weiser sprach dies wahre Wort:
Von Gott kommt nicht das Böse dieser Welt.
Er sendet uns nur Gutes stets und lässt
Das Böse nach Minuten schon vergeh'n,
Jedoch dem Guten hilft er fortbesteh'n.

So zogen die drei Löwen weiter fort,
Mit ihnen Nestan mit dem Rabenhaar,
Die Pinienschlanke, Rosenwangige,
Die hoheitsvoll in ihrer Sänfte sass.
Oft freuten sie sich unterwegs der Jagd.

Durchzogen sie bewohnte Gegenden,
Da grüsste sie mit Jauchzen alles Volk,
Beschenkte sie und spendete gar gern
Den schönen Helden das verdiente Lob.
Wenn sie sich nahten, meinte jeder gleich
Die Sonne und drei Monde anzuschau'n.
Nach vieltägiger Wanderung kamen sie
In jener öden Felsengegend an,
Wo Taryel so lange Zeit gewohnt.
Da sagte er: Heut' bin ich Euer Wirt,
Denn diese Grotten sind mein Eigentum.
Mag Asmat uns vorsetzen, was sie hat
Und alle Schätze nehmt Euch zum Geschenk.
Beim kargen Mahle scherzten sie sodann
Und dankten Gott für das gesandte Glück.
Beschenkt ward jeder, auch der Tross Pridons
Und dennoch war noch gross der Schätze Zahl

Da sagte zu Pridon nun Taryel:
Nie kann ich Dir vergelten Deinen Dienst,
Doch wie gesagt, der Tugend bleibt der Sieg.
Die Kostbarkeiten, die Du vor Dir siehst,
Gehören Dir vom heutigen Tage an.
Pridon verneigte sich vor ihm und sprach:
O königlicher Held, für den ein Feind
Nichts weiter als ein schwacher Strohhalm ist,
Mein Lebensglück währt nur so lange noch
Als ich, o Freund, Dein liebes Antlitz schau',
Nach Hause sandte er den Dienertross,
Liess Lastkamele kommen und befahl

Den Schatz zu schaffen in sein Heimatland.
Dann brachen alle nach Arabien auf
Zu der, die Awtandil so teuer war.
Nach langer Wanderung gelangten sie
Ins erste Grenzgebiet Arabiens,
Wo sie viel Dörfer und auch Burgen sah'n.
Das Volk trug grüne oder blaue Tracht,
Denn alle trauerten um Awtandil.
Hier schickte Taryel zu Rostewan
Die Botschaft: Ich, der König Indiens,
Betrete bald Dein königliches Haus
Und bringe eine Rosenknospe mit.
Als ich vor Jahren Dein Gebiet betrat,
Bereitete ich Dir, o Herr, Verdruss,
Drum hab' ich diesen Umweg jetzt gemacht
Und bitt' Dich, meine Schuld mir zu verzeih'n.
Ich habe nichts, das Deiner würdig wär',
Mit leeren Händen komme ich zu Dir,
Jedoch dafür bring' ich Dir Awtandil.
Als diese Botschaft Rostewan vernahm,
Empfand er eine Freude, welche selbst
Ein grosser Dichter nicht beschreiben kann.
Erregt von Wonne strahlte Tinatin,
Ihr Schönheitsglanz verdreifachte sich heut'.
Die Luft durchdröhnte bald der Hörnerklang
Und freudig aufgeregt lief schon der Tross
Der Krieger und der Höflinge herbei.
Mit Eile stiegen alle sie zu Ross
Und sprengten fort, von Rostewan geführt.
Mit lautem Jauchzen rief das Volk ihm zu:

Hin ist nun alles schwere Herzeleid,
Der Tag der Freude ist für Dich erwacht!

Als Awtandil den König kommen sah,
Sprach er zu Taryel: Ich glüh' vor Scham.
Siehst Du die Staubwolke dort auf dem Feld?
Das ist mein väterlicher Herr, der Dir
Mit einer Reiterschar entgegen kommt.
Jetzt vor ihn hinzutreten schäm' ich mich,
Drum reite Du, o bester Freund, voraus
Und sprich für mich, wie es Dir gut erscheint!
Nimm auch Pridon, den treuen Bruder mit!
Hierauf erwiderte ihm Taryel:
Die Ehrfurcht, die Du Deinem König zollst,
Gefällt mir sehr. Bleib' also hier und ich
Will Dir zurückerwerben seine Huld.
Bald sollst Du Deine Schöne wiederseh'n.
Dann ritt er stattlich mit Pridon davon,
Doch Awtandil blieb auf dem Feld zurück
Bei Nestan Daredschan, der Herrlichen.

Als Rostewan die Reiter kommen sah
Und Taryel erkannte, stieg er schnell
Vom Rosse ab und wie ein Vater, sanft
Und liebevoll begrüsste er den Held.
Dann küsste er ihn freudig auf die Brust
Und sprach: Du strahlst wie eine Sonne hell.
O Herr, erwiderte ihm Taryel,
Ergeben bin ich Dir mit ganzem Herz,
Jedoch wie kann Dich ausser Awtandil

Noch freuen eines Menschen Angesicht?
Erstaune nicht, dass Du ihn noch nicht siehst!
Komm, setz' Dich auf den Rasen neben mich
Und ich will Dir erzählen, weshalb er
Sich Dir, o Herr, noch nicht zu zeigen wagt.
Jedoch gewähr' mir eine Bitte auch!
Sie setzten sich, vom ganzen Heer umringt,
Und Taryel sprach mit dem Könige
So weise, blumenreich und anstandsvoll,
Dass jeder Hörer wie bezaubert war.
Mit Zagen bring' ich meine Bitte vor,
Begann er dann, doch sieh, ich bitt' für den,
Der wie die Sonne strahlt und mich der Nacht
In der ich wandelte, entrissen hat.
Des eig'nen Leid's vergessend hat er mich
Geheilt von allem Gram und Seelenschmerz.
Jedoch wozu mach' ich der Worte viel!
Seit Jahren liebt er Deine Tinatin
Und sie auch ist ihm innig zugethan.
Drum stille seine lange Sehnsuchtspein!
Ja, auf den Knieen flehe ich Dich an,
Versage ihm, dem Schlanken, Mächtigen,
Nicht Deiner sonnenschönen Tochter Hand!
Dies sagend zog er schnell ein Tuch hervor,
Band es wie einen Strick um seinen Hals
Und sank vor Rostewan hin auf die Knie.
Verwundert war, wer ihn dies thuen sah.

Erbebend trat nun Rostewan zurück
Und tief sein Haupt verneigend sagte er:

O König, Deine Demut schmerzt mich sehr.
Abschlagen könnt' ich keine Bitte Dir
Und meiner Tinatin Gemahl zu sein
Ist keiner würdiger als Awtandil.
Vor Jahren schon bestieg sie meinen Thron
Und waltet hoheitsvoll des Herrscheramts.
Wie eine Frühlingsrose blüht sie noch
Und ich steh' an des Grabes Schwelle schon.
Was sie sich wünscht, soll in Erfüllung geh'n,
Auch Awtandil soll mich willfährig seh'n,
Denn selbst im Himmel find' ich keinen Mann,
Der meiner Tochter würdiger wär' als er.
Als Taryel des Königs Wort vernahm,
Fiel er vor ihm demütig in den Staub
Und dankte ihm für die erwies'ne Gunst.
Auch Rostewan verneigte tief sein Haupt
Und beide waren des Erfolges froh.
Sein schlankes Ross bestieg sogleich Pridon
Und sprengte eiligst hin zu Awtandil
Um ihm die grosse Freude kund zu thun.
Verlegen, schüchtern nahte dieser bald
Geleitet von Pridon, dem Könige,
Der freundlich lächelnd ihm entgegen kam.
Sein Antlitz in ein Tuch verbergend trat
Der schlanke Jüngling hin vor Rostewan.
Verdüstert war zwar seiner Augen Glanz,
Jedoch die Schönheit das Gewölk durchdrang.
Er streckte in den Staub die Prachtgestalt
Und so umfing des Königs Kniee er.
Da sagte dieser: Stehe ruhig auf

Und schäm' Dich nicht, denn schon ist mir bekannt
Dein Herzenswunsch und Deine Demut nimmt
Mir jeden Grund zum Zorne gegen Dich.
Des Jünglings Antlitz küssend fuhr er fort:
Erloschen ist nun meine Sehnsuchtsglut,
Ich weine Freudenthränen und auch Du
Sollst Dich nun freu'n des lang ersehnten Glücks.
Am grössten ist des Menschen Freude dann,
Wenn er nach langen Leiden sie erlangt.
Mich wundert es, begann nun Awtandil,
Dass Du von gleichgültigen Dingen sprichst
Und Nestan nicht sogleich zu seh'n begehrst,
Was zögerst Du? Geh' ihr entgegen doch,
Geleite sie zu Tinatin ins Schloss
Und weide Dich an ihrem Schönheitsglanz!

Bald wurde Nestan festlich eingeholt.
Ihr nahend stieg vom Rosse Rostewan
Und neigte vor der Herrlichen sein Haupt.
Auch sie stieg aus der Sänfte, kam zu ihm
Und küsste ihn mit Ehrfurcht auf die Brust.
Entzückt begann der greise König jetzt:
Nicht finde ich für Dich des Lobes Wort,
O schöne Sonne, helles Tageslicht!
Nichts gleicht Dir, da Du unvergleichlich bist.
O jetzt begreif' ich, dass Du Liebe weckst.
Auch für mich sind, nachdem ich Dich geseh'n,
Die Rosen und die Veilchen ohne Reiz.
Bewundernd schaute sie ein jeder an,
Denn blendete ihn auch der Schönheit Glanz,

Fand er daran doch Labung für sein Herz.
Wo sie nur hinkam, drängte sich sofort
Ein Haufen Volks herbei um sie zu seh'n.

Hell strahlend zogen in das Königsschloss
Die schönen Helden und der Dienertross.
Im Saale sass mit Hoheit Tinatin,
Die des Beschauers Herz entzündete.
Mit einer Krone war ihr Haupt geschmückt,
Ein goldnes Zepter hielt sie in der Hand
Und um die pinienschlanke Huldgestalt
Ein purpurfarbner Königsmantel lag.
Leutselig lud sie Nestan Daredschan
Und Tarjel zu sich ein auf den Thron,
Doch er erwiderte: Das ist der Platz,
Der Dir und Deinem Löwen nur gebührt.
Bei diesen Worten nahm er Awtandil
Und führte ihn an ihre Seite hin.
Laut fing der Jungfrau Herz zu pochen an
Und ihre Wangen wurden purpurrot,
Als neben sich sie den Geliebten sah.
Sei nicht verlegen! sagte Rostewan.
So eingerichtet ist des Lebens Gang,
Dass doch am Ende stets die Liebe siegt.
Erhalt' Euch Gott im Wohlsein tausend Jahr',
Dem Glücke nah' und jedem Unglück fern!
Mag Euch das Schicksal treu sein wie bisher!
Das wünsch' ich Euch und mir nichts weiter als,
Dass Ihr mich legt ins Grab zur ewigen Ruh'.
Sich zu den Kriegern wendend sprach er dann:

Schaut Awtandil, den Herrlichen, der jetzt
Durch Gottes Gnade Euer König ist!
Dient ihm so treu wie ihr stets mir gedient!
Die Grossen und das Heer verneigten sich
Vor Awtandil und alle riefen aus:
Gern sind wir Staub vor seinem Angesicht.
Mag er erhöh'n, wer ihm ergeben ist
Und den zermalmen, der ihm widerspricht!
Mag lühmen er der stärksten Feinde Arm
Und uns einflössen Mut und Tapferkeit!
Hierauf sprach Taryel zu Tinatin:
Ihr seid vereinigt, Euer Gram ist hin
Und wie Dein Gatte mir verbrüdert ist,
Sei Du auch meine Schwester von nun an!

Awtandils und Tinatins Hochzeit.

Auf ihren Thronen sassen alle vier
Und nun begann der frohe Hochzeitsschmaus.
Von Gästen wimmelte das ganze Schloss,
Geschlachtet wurden ganze Herden Vieh
Und mit Gesang und süssem Lautenspiel
Kam in den Saal der Musikanten Schar.
Ein Berg von Edelsteinen und von Gold
Ward zur Beschenkung aller aufgetürmt.
An hundert Stellen floss der süsse Wein
Und bis zum Morgen dauerte der Schmaus.
Kein einziger Gast ging unbeschenkt davon,
Vergessen wurden auch die Ärmsten nicht.
Sie nahmen Perlen ganze Hände voll

Und liessen liegen Seide wie auch Gold.
Am nächsten Tage wurde fortgesetzt
Das Zechgelage bei Gesang und Spiel
Und so gings einen ganzen Monat lang.
Da sagte Taryel zu Rostewan:
Gern blieb' ich lange noch, o Herr, bei Dir,
Jedoch mein Reich ist in der Feinde Hand,
Die darin hausen wie im eignen Land.
Ich weiss, dass Du mir keinen Nachteil wünschst,
Drum lass' mich zieh'n und wenn es Gott gewährt,
Seh' ich Dich wieder in nicht langer Zeit.
Zur Antwort gab ihm eiligst Rostewan:
Thu' was von Nutzen ist und gut Dir scheint!
Mag Dich begleiten unser Awtandil
Mit einem Heere, welches stark genug
Zur Niederwerfung Deiner Feinde ist.
Zu Awtandil begann da Taryel:
Nein, bleibe Du bei Deiner Tinatin!
Wie kannst Du Sonne trennen Dich vom Mond,
Mit dem Du Dich ja erst vor kurzer Zeit
Nach langer Sehnsuchtspein vereinigt hast?
Mich täuscht Dein Wort nicht, sagte Awtandil.
Du sollst mir nicht nachsagen, dass ich Dich,
Den Freund, verlassen habe in der Not
Um zu gemessen meiner Liebe Glück.
Hierüber lachte Taryel vergnügt,
Die Perlen blitzten auf im Rosenmund.
Er sprach: Die Sehnsucht plagt mich fern von Dir,
Drum ziehe mit! Ich spreche aufrichtig.

Gesammelt wurde bald ein grosses Heer
Und Awtandil zog aus mit Taryel.
Schwer war der bange Abschiedsaugenblick
Und niemand hielt den Thränenstrom zurück.
Zur Freundin sagte Nestan Daredschan:
O hätte ich Dich lieber nie geseh'n,
Mich quälte jetzt nicht dieser Trennungsschmerz.
Vergiss mein nicht und schreibe oft an mich,
Sehn' Dich nach mir wie ich mich sehn' nach Dir!
O Sonnenschöne, sagte Tinatin,
Schlimm wird's mir Armen ohne Dich ergeh'n
Und um den Tod werd' ich zum Himmel fleh'n,
Denn fern von Dir wird mir kein Glück mehr blüh'n.
Leb' Du in Freuden soviel Jahre noch
Als ich jetzt heisse Thränen um Dich wein'!
Dann schieden sie mit schwerer Bangigkeit.
Auch Rostewan betrübte dieser Tag
Und Taryel umarmend sagte er:
Du, Jüngling, gabst das Leben uns zurück
Und jetzt nimmst Du es wieder von uns hin.

Mit einem grossen Heere zogen sie
Nach Indien, dess hehren Königsthron
Nun Taryel, der Herrliche, bestieg.
Asmat, der Treuen, gab er einen Teil
Des grossen Reiches, das sein eigen war
Und so belohnte er die Dulderin.
Mit ihrem teuren Freunde freuten sich
Pridon und Awtandil gar lange Zeit
Und zogen in die Heimat dann zurück.

*   *   *

Zu Ende ist nun diese Heldenmär,
Die Harfe bebt noch, doch sie klingt nicht mehr.
So tückisch ist das Schicksal dieser Welt
Und kurz die Zeit, die uns hier zugezählt,
Obgleich sie denen lang erscheinen mag,
Die nie gesehen einen Freudentag.
Ich, der ich diese Dichtung niederschrieb
Mit hellem Geist und warmem Herzenstrieb,
Stamm aus dem Land Meschetien und dort
Liegt Rustawi, mein kleiner Heimatsort.
Schwach ist nur meiner schlichten Harfe Klang,
Weit übertönt ihn Davids Psalmensang.
Die Märe, die von fernem Land erzählt,
Von Herrschern einer unbekannten Welt,
Fand ich und da sie meinen Geist ergötzt,
Hab' ich in Verse sie für Euch gesetzt.
Besungen hat Choneli Amiran,
Den Sohn der hoheitsvollen Daredschan.
Schawteli, der des höchsten Lobes wert,
Hat Abdull Meschi durch Gesang verehrt.
Tmokweli, der als Dichter höher steht,
Verherrlichte im Liede Dilarget
Und Taryel, den Ungemach gequält,
Hab' ich, Rust'weli, mir zum Held erwählt.

Druck von Gressner & Schramm in Leipzig.

www.ingramcontent.com/pod-product-compliance
Lightning Source LLC
Chambersburg PA
CBHW020506270326
41926CB00008B/765